어머니,
당신은
내 운명

이 책은 방일영 문화재단의 지원을 받아 저술·출판되었습니다.

어머니, 당신은 내 운명

고혜련 지음

"그래요, 어머니, 세월이 또 아득하게 흘러도
저는 어떤 일이 있어도 당신을 피해가지 못합니다"

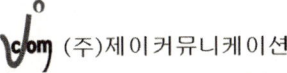
(주)제이커뮤니케이션

들어가며

인생은 다 그런 거야

언제였던가. 취재차 만났던 어느 대기업 회장과 얘기 끝에 그가 고민을 토로하듯 자신의 어머니 얘기를 했다.

요즘 어머니가 부쩍 수척해지시는데 매일 아침 식탁에 마주 앉아 딱히 할 얘기가 없어 송구스럽다는 것이다. 새삼 어제 있었던 자기 회사 사업 얘기나 똑같은 얘기를 반복할 수도 없기 때문이라는 것이다.

고작 "어머니, 많이 잡수세요" "아니, 네가 많이 먹어야지" 하면서 반찬 그릇만 서로 앞으로 밀었다 당겼다 하다가 출근한다는 것이다.

한 1년쯤 지나 그를 또 한 차례 만날 일이 있어 인사차 어머니 안부를 물었다. 그의 눈가가 순식간에 붉어졌다.

"얼마 전에 돌아가셨어요. 그런데……" 그는 더 이상 말을 잊지 못했다. 얘기인즉슨, 병석에 누워계시던 어머니가 여러 자식들이 지켜보는 가운데 임종하시면서 당신의 어머니를 부르면서 돌아가셨다는 것이다. 자식들이 제 어머니를 외쳐 부르는 것에는 아랑곳하지 않고.

내 어머니 일기장이 떠올랐다. 여기저기 당신 어머니가 그립다고 토로해, 몰래 훔쳐본 딸자식을 당황케 한 그 일기장이. 그 높은 연세의 '꼬부랑 할머니'가 말이다.

남 보기에는 별 문제없이 잘 살고 계신 듯한 88세의 노모도, 세상의 자잘한 감정은 이미 오래전에 상실했을 것 같은 늙은 여인도 실은 죽을 때까지 누군가의 절대적인 사랑과 관심이 절실하다는 절절한 호소이리라. 그래서 80년 전 자신에게 전폭적인 사랑을 주고 이미 수십 년 전 사라진 어머니의 사랑을 그토록 그리워하는 것이다. 그 어려웠던 시절, 유·무익을 따지지 않고 자식을 위해 혼신을 다해 헌신하셨던 그 사랑을.

자식들은 늘 뒤늦게 깨우치게 된다. 한때 자식들의 온 우주였던 그 막강한 어머니가 사실은 험한 세상을 힘들게 신음하며 살다간 아주 연약한 여인이었다는 것을, 그 어머니도 우리 자신처럼 작은 상처에 힘들어하며 때론 아픔과 외로움에 긴 밤을 뒤척였다는 것을, 또 누군가의 사랑이 그리워 홀로 눈물지은 사춘기 소녀 같은 감성을 여전히 지니고 있었다는 것을. 비록 거미줄 같은 잔주름이 온 얼굴을 뒤덮어도 마음은 결코 늙지 않는다는 것을 말이다.

감춰진 일상의 진실들은 만회할 수 없는 아주 늦은 시점에 늘 터득하고 밝혀지게 마련인가 보다. 최후의 순간에나 풀 수 있는 인생의 비밀인 양. 특히 어머니에 대한 속죄와 빚 갚음은 늘 후대(後代)에서 결산하게 돼 있는 것인 양.

"하나님은 자신이 없는 곳에 대신 어머니가 있게 했다"는 말이 있다. 조물주는 헌신적인 내리사랑의 유전인자를 심어줘 인류가 오늘날까지 생존하고 번성하게끔 인간을 만들었고 그래서 어머니는 여자보다 훨씬 강한 것이라고, 그래서 자식들은 어머니의 사랑은 당연한 듯 아랑곳하지 않으면서도 제 자식의 어머니로서는 물불을 가리지 않는 '철의 여인'으로 거듭난다는 것을 이해하게 하는 말이리라.

그래서 내 어머니를 향한 빚 갚음은 후대인 내 자식의 어머니가 돼 치르면 되는 것이라고 스스로에게 면죄부를 주곤 한다. 내 어머니 역시 당신 어머니께는 그랬을 거라며. 우리와 같은 길을 걸어 왔노라며.

나 역시 예외가 아니다. 세상사에 쫓겨 한 치 앞도 내다보지 못하면서 나는 언제 한번 괜찮은 '내 어머니의 딸'이었던 적이 있었던가 정녕코 자신이 없다. 그게 아니라면 나는 언제 한번 의젓한 '내 자식의 어머니'로 살아낸 적은 있는가 부끄러워질 뿐이다.

세월이 많이 흘렀다. 어머니에게 바통을 물려받아 나도 이제 어머니의 길을 가고 있다. 나라는 인간이 된 어머니의 모습은 내 아이가 기대하는 어머니상과는 거리가 멀다. 까칠한 어머니, 자기 일이 우선인 어머니, 칭찬보다는 시시비비를 가려 꾸중이 앞서는 여인, 늘 쓸모와

효용을 앞세우는 사람…….

딸자식으로서의 내 모습도 다르지 않다. 어머니가 내게 기대하는 딸의 모습과는 거리가 멀다. 맡은 숙제처럼, 처리해야 할 업무인 양 늙은 어머니를 대하는 딸은 아직 철이 들려면 멀고 멀었다.

세월이 꽤 흐른 지금, 아이는 무엇보다 어머니의 무조건적이고 절대적인 사랑을 그리워했음을 가끔씩 내비친다. 그 아이도 이제 가정을 꾸리고 한 아이의 부모가 된 시점에 그는 비로소 언뜻언뜻 속내를 내보인다. 여전히 서먹하고 멋쩍은 표정으로 용기를 내어.

인생의 겨울을 건너면서 유년의 어린아이처럼 변해가고 있는 늙은 어머니도 얼마나 관심과 사랑이 필요한지를 부서질 듯 위태로운 몸과 흐릿한 정신으로 말씀하고 계시다. 삶의 막바지에 그런 따뜻한 사랑 외에는 아무 소용과 의미가 없음을…….

이제야 조금은 알 것 같다. 어머니의 사랑, 어머니적인 것, 모성이 얼마나 절실하고 위대한가를. 그런 사랑이 머리에서 가슴으로 내려오는데 그토록 오랜 시간이 걸리는 것인가 보다. "가장 훌륭한 스승은 시간이다"라는 옛 선배들의 지혜(탈무드에서)를 절감하고 있다.

세상은 많이 변했고 현실은 날이 갈수록 팍팍해지고 있다. 끝 간데

없는 분열은 모두를 위기감으로 몰아넣고 있다. 저마다의 상처로 누구나 섬처럼 외롭다. 그 어느 때보다 어머니, 어머니적인 것, 모성의 치유력이 필요한 때다. 사랑과 헌신의 아이콘, 어머니를 향한 그리움이 어느 때보다 절실한 이유다. 무조건적인 신뢰와 사랑만이 모든 상처와 불신, 아픔을 치유하는 소중한 가치임을 알기 때문이다. 모성은 더 많이 칭송받고 존중되어야 한다.

"살아도 산 것이 아니고, 죽어도 죽은 것이 아닌 것도 있다. 살려서 간직하는 건 산 사람의 몫이다. 그러니 무엇을 슬퍼한단 말이냐."
어느 작가의 노모가 이별을 슬퍼하는 자식에게 했다는 이 말, 묵직하게 다가온다. 그래, 늦었지만 내 사랑하는 사람들, 이별 후라도 살려서 간직하고 사랑하리라.

죽음을 마주한 아주 연로한 내 어머니가 오래전에 돌아가신 어머니를 그리워한 것도, 조건 없이 주었던 그 어머니의 내리사랑 외에는 달리 기대할 수도, 구할 수도 없었던 탓이리라. 아무리 외롭고 따뜻한 사랑의 품이 그립다 해서 어미로서 어떻게 자식에게 치사랑을 구할 것인가.

"우리는 들여다본 만큼만 살고 있고 아는 만큼만 본다"고 했다. 그래서 "아는 것이 적으면 사랑하는 것도 적다"고 했다. 내 어머니, 과연 나는 그녀를 얼마나 알고 있을까……. 특히 그녀의 생각과 기분을 또 한평생 희로애락의 역사를…….

오늘의 내 존재를 있게 한 그분, 영원히 갚을 수 없는 사랑의 아이콘이자 실천가인 그분을 뒤늦게나마 진지하게 묵상할 수 있게 한 이 기회에 겸허한 마음으로 깊이 감사한다. 온 생애를 통한 그분의 헌신에 감사하며 이 글을 나의 어머니께 드린다.

C'est la vie, such is life?

**2018년 가을,
어머니를 생각하며**

목차

들어가며 · 인생은 다 그런 거야 … 4

I.
세상의 어머니, 세상의 딸들

어머니, 당신은 누구십니까	16
남편 복은 하늘이 내리는 거야	21
어머니의 말씀을 되새기며	27
난 아무거나 다 좋아	34
사랑의 경고등	38
외로움 같은 거 난 잘 몰라	43
엄마의 일기장	46
너도 내 나이 돼 보렴	54
외롭지도, 절망하지도 못하는 사람	58
딸과 엄마, 애증의 관계	62
모녀 갈등은 사랑의 다른 이름	67
알뜰한 당신	74
돈이 뭐길래	77
세상의 딸들, 귀여운 도둑들?	82
백세시대, 어머니 재혼하세요	88
시어머니의 유산	93
헤어지는 아들에게 보내는 엄마 편지	100

II.
다 엄마 때문이야 - 어머니 콤플렉스

내 무기력증, 다 엄마 때문이야	110
제발, 나 좀 내버려둬 - 금지는 이제 그만	117
사랑과 거부의 언어, 그 위력	122
엄마와의 세 살 기억, 일생을 간다	126
부부 사랑, 아이에겐 최고의 선물	131
유년기 엄마 사랑, 감정 조절 능력의 열쇠	135
분노는 낮은 자존감의 표출	139
내 상처, 다 털어놓고 싶다	145
불행도 대물림 - 나도 행복할 수 있나요?	150
결혼은 미친 짓 - 이혼이 어때서?	155
자아존중감 UP↑, 관계 성공률도 UP↑	161
엄마, 어머니적인 것에 대한 갈망	166
어머니 콤플렉스 - 긍정의 힘이 되게 하라	171

III.
엄마가 사라지기 전에

어머니의 세월	180
엄마, 미안해요	184
약해지지 마	188
엄마의 전화기	191
이별 연습	195
생전 장례식	198
어머니의 귀 - 잠들지 못하는 파수꾼	203
어머니의 마지막 여행	208
엄마탓 고질병	212
웃고 있어도 눈물이 - 초라한 생신상	214
딸아, 나 어디서 살까?	218
엄마의 버킷리스트	222
내리사랑은 이제 그만 - 어머니를 위한 궁리들	228
어머니, 울지 마세요	252
죽음을 기억하라 - 메멘토 모리	257
엄마, 우리 나무로 태어나 숲에서 만나요	263

IV.
어머니, 당신은 내 운명

어머니를 공부하자	270
엄마와 자식, 평생 사이좋게 지내려면?	276
그리운 이름, 어머니	283
아름다운 당신, 어머니	286
위대한 그녀, 어머니	290
난 충분히 행복해	294
당신은 내 운명	299
즐거운 우리 집 - 어머니, 우리 여기서 끝내요	307
어머니, 그 불가침 영역	313

마치면서　　　　317

어머니, 당신은 누구십니까
남편 복은 하늘이 내리는 거야
어머니의 말씀을 되새기며
난 아무거나 다 좋아
사랑의 경고등
외로움 같은 거 난 잘 몰라
엄마의 일기장
너도 내 나이 돼 보렴
외롭지도, 절망하지도 못하는 사람
딸과 엄마, 애증의 관계
모녀 갈등은 사랑의 다른 이름
알뜰한 당신
돈이 뭐길래
세상의 딸들, 귀여운 도둑들?
백세시대, 어머니 재혼하세요
시어머니의 유산
헤어지는 아들에게 보내는 엄마 편지

I.
세상의 어머니, 세상의 딸들

어머니, 당신은 누구십니까

삶의 모든 무게와 고통으로부터 우리를 자유롭게 한 단어,
그것은 사랑이다.

― 소포클레스

　결혼하기 전 엄마와 티격태격 말대답을 주고받던 일상이 수십 년 만에 고스란히 되살아났다. 달라진 게 있다면 그땐 항상 내가 졌지만 이젠 눈치 안 보고 말대답을 퍼부어 엄마를 이겨내고 우울하게 하는 거다.

　기분이 언짢아져서 당신 방으로 들어가는 쓸쓸한 뒷모습이 이제 한 시대가 가고 다음 세대가 오고 있음을 보여주는 것이다. 곧이어 그 바통을 내가 이어받을 차례다.
　그러면, 아마 통렬하게 깨닫고 가슴 저려 할 것이다. 그러나 어쩌랴. 삶은 이리 돌고 도는 것임을……. 부모자식 간에도 엄연히 생존의 법칙이 여지없이 존재한다는 것을!

홀로 투병 중이던 어머니가 내 집으로 오시면서 하루하루가 숨 가빠졌다. 아침 햇살 아래 모닝커피 한 잔 마시며 조간신문을 읽는 느긋함은 사라지고 숨 가쁜 일상이 자리 잡게 됐다. 새벽부터 어머니의 위장에 뭐라도 채워 넣어야 안심하고 내 일을 할 수 있기 때문이다. 나날이 바짝 말라가는 어머니가 무얼 잡수시지 않으면 곧장 위기감이 나를 지배한다. 그건 매일 세끼, 어김없이 풀고 가야 하는 숙제며 묵직한 짐보따리인 것이다.

"어젯밤, 꽃은 또 왜 사 들고 들어 왔누? 금방 시들어 아깝기만 하지……." 그 와중에 엄마는 수시로 태클을 건다. "엄마, 또 그 소리……. 내 집에서 식탁에 꽃을 놓든 먹다 남은 반찬을 버리든 이제 제발 그만 내버려두실 수 없는 거유?" 그렇게 소란스러운 아침이 시작된다.

나는 한마디도 지지 않고 말대꾸를 한다. '나는 왜 이 모양일까? 그냥 알고도 모른 척, 좀 선선하게 져드리면 안 되나…….' 하는 생각에 이르면 나 자신이 부끄럽고 싫을 때도 있다. 실은 그게 가볍고 부박한 내 본 모습인 것을. 가리지 않고 여과 없이 내뱉을 때 본색이 드러나는 거니까. 우리는 사사건건 부닥친다.

우리는 옛날의 모녀로 돌아가 관심 영역을 공유하고 공감하면서 동지의식도 느낀다. 함께 늙어가 마치 자매 같다는 얘기도 들린다. 나이 들면서 내 얼굴에 엄마 모습이 어른거린다. 우리 모녀는 상당히 닮아

있음에 감탄하기도 하고 때론 닮지 말았으면 하는 모습까지도 그대로인 것 같아 두 사람 모두 안타까움을 표출하기도 한다.

그러면서 모녀간의 언쟁은 위험한 경계선을 넘나드는 것이다. 그런 기 싸움을 계속하면서 전혀 보이지 않았던 엄마의 일거수일투족에 담긴 심리가 슬슬 들어오기 시작한다.

내가 놀란 것은 나라는 인간을 만들고 온 생애를 함께 해온 어머니에 대해 내가 너무도 무지하다는 것이다. 내가 가지고 있는 어머니상은 지극히 피상적이다. 그냥 예전이나 지금이나 별로 달라지지 않은 그 겉모습(지금은 파파 할머니가 되셨지만)에 늘 반찬거리 걱정하고 '별일 아닌 것에 마치 큰일이나 난 듯' 쉴새 없이 잔소리를 늘어놓는 그런 분이다.

그러면서 언제나 자식의 필요를 충족해주기 위해 대기 중인 듯한 무감각한 여인, 자신을 무한량 헌신하면서 한 번도 회의에 빠지거나 별로 심각하게 고민하지는 않는 사람, 병원에 가서 드러누워 육체상의 한계를 드러내기 전까지는 늘 젊은 딸보다 팔 힘도 세고 목소리도 큰 분이라는 것, 아마 그게 다가 아닐까 싶다.

그 이상은 알지도, 알 필요도 없었던 거다. 내 요구가 충족되는 한 어머니의 고민이, 슬픔이, 즐거움이 내게 다가오지 않았다. 마치 하루 종일 붙박이로 서 있는 우리 집의 벽이나 냉장고 때론 경종을 울리는 알람시계 대하듯. 항상, 당연히 거기 있으면서 충직하게 제 의무를 다 해내는 분이니까.

내가 태어난 후 엄마는 늘 엄마였기 때문이리라. 난 책상에 앉아 공부하는 그녀도, 연애하며 고민하던 그녀도, 면사포를 쓰고 부끄러워하던 그녀도 본 적이 없으므로 그녀는 이제나저제나 늘 살림 걱정에 하루가 다 가는 그런 엄마였던 것이다. 마치 오로지 집안 살림을 위해 별도로 제작된 사람인 양.

어머니와 함께하는 시간이 늘어나면서 내 눈에 슬슬 엄마가 보이기 시작했다. 그러면서 엄마가 얼마나 섬세하고 복잡한 마음으로 하루를 살아내시는지, 엄마의 딸인 나와 엄마가 얼마나 닮아있는지, 내가 고민해왔던 나의 상처와 아픔이 어디서 유래됐는가가 들어오기 시작한 것이다. 그건 세월의 힘이다.

우린 서로를 흠씬 아프게 하는 양보 없는 말싸움을 하다가도 사과 한마디 없이 언제 그랬냐는 듯 상대를 걱정하고 금방 밥숟가락을 나눈다. 때론 징그러울 정도로 닮아있는 엄마와 나의 사고방식과 행동에 어이없어하며 때론 경외하고 때론 거기서 벗어나기 위해 몸부림을 치기도 한다. 거기서 나는 '숙명'이란 단어를 떠올린다. 시간은 동병상련의 측은지심을 불러온다.

모녀의 갈등은 사랑의 다른 이름인 거라고 자위하면서. 그건 자아 속의 또 다른 자아가 항상 싸우듯 그런 것이라며. 그게 버르장머리 없이 늘 엄마에게 대드는 내가 내린 결론이다. 다른 해석으론 내 마음을 편하게 할 도리가 없는 것이다.

딸은 그렇게 자기 살 궁리를 위해 어머니에 대한 딸의 버르장머리 없는 태도에 대한 해석도 편의대로 해버리는 인간이다.

우리는 무조건적인 사랑에 열광하고 목말라 한다. 그건 우리가 누군가를 사랑하면서 항상 떠날 것을 두려워하기 때문이다.
한때 살을 태울 듯이, 신경이 부서질 듯이, 심장이 찢어질 듯이 한 사랑의 속성이라는 것이 단명하다는 것, 변한다는 것, 흔적도 없이 사라지고 잊혀진다는 것을 너무나 잘 알고 있기 때문인 것이다.
그래서 영원히 변치 않는 어머니의 사랑, 그 모성에 빠져드는 것이다. 언제나 그 '어머니적인 것'에 무조건 깃들어 위안을 받지 않으면 살 수 없는 허약한 존재이므로.

"그래요, 어머니, 세월이 또 아득하게 흘러도 저는 어떤 일이 있어도 당신을 피해가지 못합니다. 이 땅에 나라는 존재를 보내시고 오늘의 나를 만드신 당신은 내 운명이십니다. 저는 어머니가 만들어주신 그 울타리 안에서 제 자식을 또 그리 만들어가겠지요. 우연인 양 필연으로……. 어머니, 이 숙명을 너무도 부족한 저와 어머니가 겸허한 마음으로 사랑하게 기도해주세요."

남편 복은 하늘이 내리는 거야

행복은 입맞춤과 같다. 행복을 얻기 위해서는
누군가에게 행복을 줘야 한다.

― 디어도어 루빈

어머니가 수시로 하던 말씀 중에 내 뇌리에 남아있는 말이 있다.
"그래, 남편 복은 하늘이 내리는 거야."
지금은 작고한 아버지와 수시로 요란·살벌한 '결투'를 벌이면서 나중엔 눈물을 글썽이며 혼자 되뇌시던 말씀이었다.

그때 나는 강하게 부정했다. 아니 듣기 싫었다. 그러나 뇌리에 박힌 그 말은 내가 결혼 적령기가 됐을 때도 어김없이 작동했다.
'결혼을 하면 내가 과연 행복하게 잘 살겠어? 엄마의 전철을 밟겠지.'
부모의 불행한 결혼생활을 보며 습득한 결혼에 대한 부정적 이미지가 나를 가로막았다.

또 결혼을 한 후에도 일상의 작은 일로 부부싸움을 하게 되면 어김없이 세뇌된 뇌가 나를 흔들었다.

'거봐……. 내 결혼생활이 행복할 리 없지. 딸자식은 어머니의 전철을 밟는 게 맞아.'

다행히 수십 년 묵은 우리 부부의 결혼생활은 지금 느긋한 성품의 남편 덕에 잘 굴러가고 있는 중이다. 그래서 나도 말하곤 한다.

"역시 부부의 연은 하늘이 맺어주는 거야"라고. 내 경우처럼 아닐 듯한데 잘 굴러가는 것 역시 그 말이 들어맞기 때문이라며. 우리의 두 수레바퀴가 별 고장 없이 수십 년을 굴러가는 것은 두 사람 성향이 전혀 다르기 때문이라는 것을, 그렇게 다른 두 인간을 한 묶음해 오래 함께 살게 한 것은 하늘의 뜻이라는 얘기다. 만약 당장은 맞는다며 똑같은 성향의 두 사람이 결혼했다면 '한 버럭'하는 내 다급한 성질과 그의 홧김이 얹혀져 순식간에 둘 사이를 원래대로 쪼개버렸을 것이다.

50년 부부로 살면서도 돈독한 정과 사랑 한번 제대로 나누지 못하고 남편과 사별한 어머니를 모시고 살면서 무척 부러워한 타인의 부부 연이 있다. "우리 어머니가 만약 저 남자 같은 사람을 만났더라면 과연?" 하는 엉뚱한 의문도 들었던 게 사실이다. 그러면 우리 가족 여럿의 인생이 달라졌으리라 하면서. 다들 부부 속사정은 당사자들만 안다고 해도 그들의 겉모습은 부러워하기에 충분했다.

그런 생각을 들게 한 사람들은 '풍운의 노 정객'으로 불렸던 김종필 전 총리 부부다. 그분이 94세로 작고(2018년 6월)하기 1년여 전쯤 업무차

청구동 자택으로 뵈러 갔을 때 느낀 소회다.

  2017년 봄, 그의 자택 1층 거실에서 인터뷰를 하다 잠시 그의 2층 방에 올라갔을 때 놀라운 광경이 눈에 들어왔다.
  아내 박영옥 여사와 수십 년을 함께 썼던 방, 아내가 2015년 돌아간 지 2년이 돼가는 시점에도 그 방은 작고할 당시의 모습을 고스란히 간직하고 있었기 때문이었다.
  일생을 함께 동고동락한 부부 사진, 마치 사랑을 돋보이게 하려는 듯 함박꽃 같은 웃음이 만면에 가득한 두 사람의 정다운 사진들 수십 장이 그 방 벽 3면 전체를 장식하고 있었다.
  더 놀라운 것은 그녀가 방 안에서 신던 슬리퍼와 구두 몇 켤레가 침대 곁에 고스란히 남겨져 있었다. 마치 그 신발 주인이 잠시 외출한 것처럼.

  실내에서 신었던 그 예쁜 구두들은 그녀가 살아생전 집 안에서조차 옷매무새에 신경 썼음을 전해주고 있었다. '상대를 존중하고 사랑하는 마음'이 느껴졌다. 아내 자리를 함부로 여기지 않는 자세 말이다.
  김 총리는 아내와 사별 후 2층 옆방에 기거하고 계셨다. 함께 썼던 방은 두 사람의 사랑을 증언하는 작은 박물관처럼 남겨졌다.
  나는 한국 최고의 애처가요 로맨티스트로 손꼽히며 '역사의 풍운아'로 불리기도 했던 그분에게 물었다.
  "총리님은 단 한 번의 스캔들 없이 평생 한 여자를 위해 사셨습니다"라고 운을 뗀 뒤 짓궂게 "정말 사랑하는 사람이 일생에 오직 한 분이셨습니까?"라고 발칙(?)한 질문을 했다. 기자 출신이 그런 질문쯤 못하랴 하는 배짱으로. 하지만 그런 얘기가 활자화된다면 돌아가신 박 여사께는 죄송한 질문이었다. 아주 연로한 어른, 김 총리께도.

그런 질문은 이미 두 해 전, 기회가 되면 기필코 해보리라 했던 것이었다.

박 여사가 돌아가고 1주기가 되던 해, 부여에 있는 가족 묘원에 묻힌 평생의 반려에게 선물한 김 전 총리의 난 화분에 묶여있는 리본 글귀를 보고 나서 그 궁금증은 시작됐다.

구순을 넘긴 노 정치가가 아내 무덤에 헌사한 "한 번, 단 한 번, 오직 단 한 사람에게"라는 영어 시구(영국 시인, 로버트 브라우닝의 시 일부)를 보는 순간, 감회와 부러움이 몰려왔다.

"아니, 세상에……. Once, only once and for one only라니……."

김 총리의 순애보였다. 그리고 한 사람의 여인으로 "역시 남편 복은 하늘이 내리는 거야"를 상기하게 됐다.

한국의 정치사를 주름잡던 노 정객, 출중한 외모에 다재다능한 문화적 소양과 유머, 지력이 뛰어나 '르네상스적 인간'으로 불리며 많은 여심을 사로잡았던 그이기에 더욱 그랬다.

흔히 권세가, 재산가들에게 따라붙는 온갖 유혹에도 아랑곳하지 않은 듯 평생 떠들썩한 스캔들 한 번 없었던 그가 존경스러워 다시 물었다. "정말이세요? 정말 오직 한 사람이었나구요?" 그는 슬며시 웃으며 "난 마누라와 같은 자리에 누워야겠다 싶어 나중 국립묘지로 안 갈 거요"라는 대답으로 입을 다물게 했다.

인터뷰 말미에 미안했던지 "딱 한 번 나를 설레게 한 다른 사람이 있었지……"라고 지나가듯 흘려 말했다. 질문으로 별 재미를 못 본 취재자를 위한 배려성 대답인 듯했다. 그게 다였다.
난 더 이상 캐묻지 않았다. 나의 호기심을 위해 애써 그들의 '순애보'를 훼손하고 싶지 않았다. 부부를 오래 지켜봐 온 주위 보좌진들이 김 총리의 '순애보'를 거들었다. 뇌졸중으로 거동이 불편했어도 매일 휠체어를 탄 채 병원에 입원해 투병 중인 박 여사의 곁을 지켰다고.

박 여사 1주기 추도식을 끝내고 점심 식사를 함께하러 갔을 때 김 총리는 "아내가 고통을 호소 않고 편안하게 가서 마음이 놓인다"고 거듭 말했다. "아내 사랑에 대한 보답도 제대로 못 했는데……. 난 그 사람이 나 죽을 때 도와줄 줄 알았는데 말이야" 하고.

올해 6월 별세한 김 전 총리의 장례식장에서도 여전히 그의 아내 사랑이 화제에 올랐다. 어느 정치인은 "박 여사가 생전에 무슨 말을 해도 김 총리가 다 받아줄 정도였다"고 덧붙였다.
또 척추협착증과 요도암으로 누워있는 병상의 아내를 방문할 때는 "박 여사, 데이트 신청하러 왔습니다"라고 말해 아픈 아내를 미소 짓게 했단다. 64년 전의 결혼반지를 목걸이로 만들어 떠나는 아내의 목에 걸어주었다는 대목은 눈물겹다.

김 전 총리는 얘기했던 대로 국립묘지를 마다하고 부여의 아내 곁에 묻혔다. 조문객들은 "두 사람이 사후에도 부부의 연을 이어갈 것"이라고 한마디씩 했다. 김 총리 부부의 순애보는 듣는 이들의 가슴을 따뜻하게 어루만진다. 요즘처럼 불륜을 밥 먹듯 저지르면서도 부끄러운 줄 모르며 큰소리치는 인간들이 판치는 세상에…….

김 총리 장례식장에서 조문객들에게 회자됐던 부부의 '러브 스토리'를 다시 접했을 때 20년 전 돌아가신 내 아버지와 어머니의 불운했던 결혼생활이 새삼 가슴 아프게 다가왔다. 모두가 이렇게 사라져 가는데 50년을 부부로 살고 아들딸과 손자, 증손자의 생명을 이 땅에 뿌리내리게 한 그 엄청난 인연의 두 분 사이가 슬프고 가여웠다.
'아무리 강조해도 넘침이 없는' 부부 사랑 한번 흡족하게 나누지 못했다는 안타까움에. 불화의 원인이 무엇이었던지 간에 말이다.

부부가 서로 의지하고 의지해도 가슴이 시린 노후에 20년이 되도록 혼자 살아온 어머니의 외로움이 혹독하게 느껴졌다. 다시는 만회할 수 없는 긴 세월의 쓰라린 상처와 함께.

제 행복에만 눈이 어두워 무심했던 딸자식, 이제 보답의 기회를 놓쳤으니 그저 죄송하기 그지없다. 역시 삶은 후회와 자책의 연속인가보다.

어머니의 말씀을 되새기며

어려서 어머니 말씀하셨다. 얘야, 네 둘레에 있는 것들을 아끼고 사랑해라.
작은 것들 버려진 것들 오래된 것들을 부디 함부로 여기지 말아라.

– 나태주

"어머니는 힘들고 괴로울 때 어떻게 견뎌냈수?"
"얘야, 내 딸아. 나는 평생 좋은 생각, 좋은 기억만 떠올리려 애썼단다. 행복은 내가 만드는 거니까……. 주문처럼 수없이 그렇게 중얼거리며 힘든 시간들을 견뎌냈지……."
이제 자매처럼 함께 늙어가는 딸이 난생처음으로 던진 갑작스러운 질문에 그분은 곧바로 응답했다. 마치 기다렸다는 듯이.

그리고 어머니는 그런 딸을 가만히 응시했다. "이 아이가 지금 무슨 걱정이 있는 건가" 하는 조심스러운 표정으로……. 아니, "이 아이가 이제야 제 어미의 삶을 이해하는가" 하는 눈빛으로…….

그러고 보니 우리 모녀가 살아가는 방식에 대해 얘기를 나눈 건 아마 처음이지 싶다. 세상에, 도대체 어미와 자식의 인연으로 함께 살아온 세월이 몇십 년인데 처음이라니…….

가만 들여다보면 엄마와 자식 간의 수다한 얘기는 늘 의식주에 필요한 물건이나 돈을 제공하고 공급받는, 그리고 그런 생필품스러운 것이 충족되지 않을 때 생기는 갈등이나 불화에 따른 언쟁 등에 대부분 국한되지 않았다 싶다. 고작 생필품 쟁탈전에 전 인생이 매몰돼있었다니 새삼 너무했다는 생각이 든다.

실로 수십 년 만에 이런 대화가 가능했던 것은 내가 멍석을 깔았던 이유가 큰 것으로 본다. 판을 깔면 이런 변화가 생길 수 있구나 새삼 놀랍다.

그 멍석은 뜨거운 한여름, 아침 열 시부터 문을 여는 어느 분위기 있는 이탈리안 브런치 레스토랑에 깔았다. 모녀 단둘이서 이런 장소의 시도는 처음인 것 같다.

보통은 여러 가족들과 함께이니 별실을 주고 모두의 입맛에 무난한 한·중·일식당을 주로 이용했었으니까.

여러 친구들과는 평생 수백 차례는 마주했을 이런 자리를 제 어미와는 이제 처음이라니 내가 얼마나 무심했었나를 단적으로 보여주는 예로 아주 족하다.

이유는 연일 지겹도록 계속됐던 뜨거운 폭염 때문이라고 봐야 하나, 좁은 공간에서 하루 종일 갇혀 에어컨에 의지해 답답함을 이겨내야 하는 어머니의 심정을 문득 느껴서다. 딸도 더위에 지치는 나이가 된 탓일까. 어머니를 단 몇 시간이라도 넓으면서 시원하고 사람을 접할 수 있는 곳으로 구출해내야 한다는 생각이 들었던 거다.

모녀의 '역사적 대화'는 2시간 이상 지속됐다. 당연히 최고령자인 어머니의 은발이 눈에 띄는 자리였다. 어머니는 어느 장소에 가시던 자신이 가장 나이가 많음을 확인하고는 늘 이렇게 말씀하신다.
"나처럼 늙은 사람은 없네. 그래 우리 딸이 최고 효녀야. 어느 자식이 늙은 부모를 이런 데 데려오니?"
이날의 추억은 어머니의 여생에 좋은 반추거리가 될 것으로 보인다. 쉬임 없이 옛날얘기가 오고 간 그 자리는 모녀에게 오랜 친구 같은 느낌을 전해준 잔잔하고 의미깊은 기억으로 순간순간 떠올려질 것이리라. 어머니와 내가 억지로 헤어지는 삶의 마지막 순간에도 주마등처럼 스쳐 갈 장면 중 하나가 되리라. 내게는 딸도 없으니 훗날 아주 부러운 자리가 될 수도 있으려나…….

그전에 우리 모녀가 나눈 얘기를 굳이 말하자면 깊이 마음과 고민 등을 나누는 대화라기보다 나날의 생존에 필요하고 유용한, 자질구레한 소모품 같은 것과 유사하다고나 할까.

어머니는 긴 시간, 당신의 일생을 풀어놓으셨다. 그중에서도 특히 아팠던 기억들을. 아직도 상처가 돼서 그녀를 가끔 슬픔의 격정 속으로 몰아넣는 사건들을.

그건 주로 20년 전에 사별한 어머니 남편의 일생에 걸친 끊임없는 바람기에 관한 것이었다. 그래서 당해야 했던 수모와 경제적 어려움, 아이들에 대한 걱정 등.

죽음을 생각했을 정도로 신산했던 그 순간들을 담담하게 때로는 눈물을 보이며 풀어내셨다.

그런 소용돌이를 견뎌내며 두 아이를 건사해 성인으로 제 갈 길을 찾아 독립하기까지 고군분투했던 어머니, 연약하나 누구보다 강인했던 여인이었다. 유복했던 갑부의 막내딸로 부러움 없이 살았던 그녀가 어찌 저리 변신할 수 있는가, 주위 친척들을 감탄시킨 사람이었다.

줄곧 바람피우는 당신 남편이 고위공무원에 알려진 대학 교수였지만 어머니는 허드렛일도 마다치 않았다. 자식들의 반대에도 아랑곳 하지 않으셨다.

그분이 지금은 꼬부랑 할머니가 되어 하루하루를 버티고 계시지만.

피와 땀으로 범벅된 일생을 결국 승리로 이끌어온 어머니에 대한 딸자식의 연민과 사랑이 파도처럼 몰려왔다.

"엄마, 미안해요. 그 긴 세월 아무 도움도 못됐으니 얼마나 힘드셨수?"
우리는 함께 웃으며 눈가를 닦아냈다. 나는 가끔 어머니가 아버지와 격한 부부싸움을 한 후면 습관처럼 얘기했었다. "그냥 까짓거 이혼해버려. 내가 엄마 먹여 살릴 수 있어. 내가 있잖아!"

대학을 졸업하고 직장을 얻은 후로는 자만심에 함부로 외쳐댔다. 그런 어머니 가슴에 오래 함께한 지아비에 대한 연민과 사랑이 자리했었음을 감지하지 못했던 것이다. 그러고 보니 가끔 어머니 입에서 나왔던 '일부종사'란 말이 불현듯 떠올랐다.

부부의 싸움이 잦자 당시 어느 대형병원 병원장이었던 당신의 오라버니가 나서서 두 사람의 이혼을 종용했는데 바람둥이 아버지가 '이혼만은 싫다'고 했단다. 이혼을 각오했던 어머니에게는 참으로 의외의 반응이었단다.

어머넌 남의 얘기하듯 그걸 담담하게 전했다. 미욱한 딸은 이제야 깨달았다. 한평생을 함께 산 어머니가 돌아가실 요즈음에야 말이다. 어머니는 그 남자를 사랑했고 잃고 싶지 않았다는 사실을. 그래서 그 지독한 모욕, 외로움과 아픔을 온몸으로 견뎌냈다는 것을. 그래서 사별 후 자식들이 아버지 비난을 퍼부어도 제대로 원망이나 욕설 한 번 하지 않으셨다는 것을.

어머니는 결론처럼 덧붙였다. "내가 참아서 오늘 우리 가족이 온전한 거야. 난 실패하지 않았던 거고." 그러고 보니 어머니는 늘 슬퍼 보이지 않으려고, 강인한 어머니이기 위해, 하하호호 깔깔깔 소프라노의 높은 톤으로 웃어 제끼셨다. 뭐가 그리 좋으냐는 주변의 핀잔에도…….

또 살림에 보탬이 되기 위해 어떤 일이든 마다치 않으셨다. 굳이 그렇게까지 하지 않아도 된다고 말렸지만. 미래를 위해, 자식을 위해 한 푼이라도 저축해야 한다면서. 하지만 그건 일생 계속된 괴로움과 외로움을 잊기 위한 아주 좋은 자구책이었단다.

어머니의 말씀을 들으면서 문득 이런 말이 떠올랐다. "우리는 조금씩 덜 슬퍼짐으로, 아니 덜 슬퍼지는 법을 터득해 감으로 어른이 된다. 덜 슬퍼지는 법을 알지 못하는 순간에는 슬픔을 속내음으로 숨겨내는 법을 깨달으려 성숙해진다. 나이가 들어갈수록 모든 순간에 위로받을 수는 없다는 것을 알아가기 때문이다. 우리는 슬프지 않은 것이 아니다. 슬퍼 보이지 않을 뿐." 최근 읽은 책에서 공감한 말이다.

나의 어머니는 나이 어린 자식들 앞에서 슬퍼 보이지 않으려 얼마나 애를 쓰셨을까. 그 몸을 빌려 그 한 자락으로 태어나 함께 늙어가는 딸은 그분의 슬픔은 안중에도 없었나 보다. 그저 노파심에 괜한 걱정거리를 또 만드시나 보다 했던 거다.

일생에 걸쳐 자리 잡은 어머니 가슴의 상처는 이제 얼마나 딱지가 두껍게 앉은 걸까.

그래, 이왕 생긴 상처의 딱지가 어머니의 늙고 가냘픈 가슴을 보호

해주길 바란다. 그래서 자식들의 웬만한 무관심과 홀대에도 "저 어리석은 것들, 저들만이라도 슬픔을 모르는 세상을 살았으면 좋겠다" 하는 측은지심으로 바라보실 수 있기를 바란다.

그래서 돌아가시는 그 순간에도 "그래, 내 삶은 좋은 일들로 가득 채워져 있었어……. 그래서 살아볼 만했어" 하면서 끝내 눈을 감은 얼굴 입가에 잔잔한 안도의 미소라도 남겨주셨으면 좋겠다.

나중 혹 내 아들이 나를 초청해 내가 어머니께 묻듯이 물어본다면 나는 무슨 얘기를 해줄까? 또 그 아이를 떠올리며 잠시 생각에 머문다. 사랑은 역시 '내리사랑', 맞는가보다.

난 아무거나 다 좋아

> 네 자식이 해 줬으면 하고 바라는 걸 그대로 부모께
> 실천하라. 그게 바로 효도다.
>
> - 소크라테스

우리는 가끔 어머니께 핀잔을 드린다. 면박에 가깝다.

"그래도 메뉴를 고르셔야지. 어머니를 위한 날인데……. 그렇게 해 주는 게 도와주시는 거유."

어머니는 당신 생신이든 무슨 날이 돼서 식사 메뉴 선택의 주도권을 넘기면 늘 "난 아무거나 다 좋아!" 이렇게 말씀하시기 때문이다.

특히 나의 면박은 요즘 애들 말로, '재수 없다.'

"속마음을 얘기하슈. 난 그렇게 얼버무리는 사람 싫더라."

그래도 어머니는 "응, 나는 아무거나 잘 먹어. 아무 곳이나 너희들이 정하렴."

하지만 어머니는 그렇게 아무거나 잘 먹는 분이 아니다. 식성에 안 맞으면 그냥 고양이 밥처럼 조금 손대다 만다는 것을 왜 모르랴. 그럼에도 그분은 이리저리 식구들의 표정을 살피면서 늘 그리 말씀하신다. 그래서 나의 면박이 그 모양인 거다. 여러 번 당한 자의 조롱 섞인 반격?

그건 바로 어머니가 식구들의 눈치를 볼 수밖에 없는 '심정적 형편'에 처해있다는 것을 의미하는 것임에도. 그걸 측은해 하지 않고 반격하는 그 자식은 나쁜 놈인 거다.

하물며 해외여행을 갈 때 행선지를 고르는 데도 마찬가지다.
"그냥 난 다 좋아. 식구들이 함께 가면 그걸로 되는 거지."
이 얘기는 한 번도 당신을 주인공에 앉혀보지 않았다는 말이 된다.
남편, 딸, 아들 그리고 당신의 어머니 등 가족의 취향을 우선시하기 바빠 자신의 욕심을 뒷전으로 미루다 보니 이제는 "난 다 좋아!"가 습관처럼 굳어졌던 거다.

이 말씀은 곧 "내 취향쯤은 무시해도 좋아. 당신들이 좋다 하면 나는 그냥 따를 준비가 돼 있어. 내가 무슨 선택권이 있겠어. 어차피 너희들이 알아서 정할 텐데……." 등의 생각이 함축적으로 엮어져 나온 문장인 것이다.

나는 안다. 우리가 메뉴를 물을 때 어머니가 우리들의 표정을 조심스레 살피신다는 것을.

식구들이 평소 무엇을 좋아하면서도 형식적으로 새삼 어머니 의견을 물어본다는 것을.

당신의 닳아 빠지고 덜컹거리는 틀니가, 맛있지만 보다 질긴 고기는 쉽게 끊어내지 못한다는 것을, 당신의 위가 비싼 음식을 많이 먹어 봐야 돈만 아깝게 제대로 소화해내지 못한다는 것을. 나는 안다. 나의 어머니, 그분이 시시때때로 이런 염려를 담아 상황을 저울질하고 있다는 것을.

이제나저제나 한결같은 어머니의 그런 대답이 굳어진 것은 딸내미란 놈이 여태껏 제 어미의 인생이 어찌 대접받든 별 관심이 없었다는 방증이다. 머지않아 어머니의 행로를 숙명처럼 따라 밟아 비슷한 처지가 될 초로의 여자 인간이. 온 일생을 살아오면서 제 어머니의 취향이, 관심이, 아픔이, 꿈이 무엇이든 전혀 무감각했다는 것이 솔직하고 옳은 평가다.

죽음의 그림자가 전신에 어른거리는 어머니의 모습을 보아야 하는 올해 들어 유난히 "난 아무거나 다 좋아!"라는 말씀이 죄스럽게 다가온다.

판이 다 끝나가는 마당에 새삼 그런 자책 따위는 어디다 쓰랴…….
그래도 올해부터는 "난 아무거나 다 좋아!" 대신에 "난 그런 거 싫어", "난 이걸 원해", "이걸로 해줘" 딱 부러지게 그런 말씀을 맘껏 하실 수 있음 좋겠다. 그분 속이라도 시원하게! 그분이 이 집안의 중심결정 권자이며 소중한 어른이라는 생각이 들게! 늙어서 자식들에게 수시로 핀잔받는 사람이 아니라는 자신·자존감이 들게!

올해는 어머니가 마구 이기적인 할머니가 되셨으면 좋겠다.
할머니의 급 변신에 30이 훌쩍 넘은 손자 놈과 꼬맹이 증손자 놈도 두 손 들게 말이다.

사랑의 경고등

*중요한 것은 사랑받는 것이 아니라
사랑하는 것이었다.*

- 서머셋 모옴

검푸른 새벽의 정적을 깨는 전화벨 소리는 심장을 멎게 한다. 순간 공포감에 휩싸인다. 아니나 다를까 혼자 사시는 어머니가 앰뷸런스에 실려 갔다는 오빠의 전화였다.
"왜? 뭐라고?"
공포와 불안은 멀쩡한 내 귀도, 입도 더듬게 만든다.

휴대폰 단축번호 1번으로 등록된 아들에게 "얘야, 나 죽을 것 같애……." 그렇게 말하고 전화를 떨어뜨린 어머니. 10분 만에 나타난 구급차가 아파트 현관문을 따고 들어가 엄마를 근처 병원 응급실로 옮겨 엄마는 죽음의 순간을 벗어났다.

내가 사는 여의도에서 일산 병원으로 달리는 새벽 3시, 시속 100Km 이상으로 달려야 하는 30분간은 숨 막히는 시간이었다. 이럴 때 운전은 금물이다. 택시를 타야 했다. 극도의 긴장은 평소 잘 알던 길도 더듬게 만들고 운전 역시 위태롭게 한다. 아버지가 돌아가실 때도 뻔한 길을 헤매 운명의 순간을 놓친 기억이 떠올랐다.

병명은 뇌동맥류가 파열해 생긴 뇌출혈. 엄마는 지금 대학 병원으로 옮겨져 수술을 받고 중환자실에 누워계시다. 살아있는 것이 기적이라는 의사의 말, 여러 의료기기에 의지해 팔이 묶여 있는 엄마는 의식이 돌아올 때마다 자신을 좀 풀어달라고 애원한다. 그리곤 내게 "얘, 넌 왜 전화를 안 받니" 하고 헛소리를 하신다. 평소 쭉 그런 생각을 하셨던 모양이다.

뼈만 앙상해진 엄마의 벗은 몸, 틀니를 빼내 100살이 돼 보이는 파파 할머니인 어머닌 자식 앞에서 그게 가끔 부끄러운 듯 멋쩍은 표정을 하신다.

우리 식구들은 숨죽여 엄마의 회복을 기도하고 있다. 그 연세에 4시간의 수술을 견뎌내시다니, 그건 천우신조의 기적이었다. 게다가 우린 그 날 '실수'로 전화벨을 진동으로 해놓지 않고 잠이 들어 그 위급한 전화를 받을 수 있었던 거였다. 평소에는 늘 진동을 확인하고 잠을 잤으니까. 분명 그분을 돕는 손길이 있음을 느끼게 된다.

하루 두 번 20분씩 면회를 하면서 오랜만에 어머니의 존재에 대해 진지하게 생각하게 됐다. 어머니는 늘 공기처럼 소리 없이 우리 곁에 계시는 존재였다. 바쁘다는 소리를 입에 달고 사는 우리 남매는 한가한 그분이 노쇠한 몸을 이끌고라도 서울의 음식점까지 나오셔야 만나는 것을 당연한 것으로 여겼다.

어쩌다 내가 댁으로 간다고 하면 "얘, 바쁜데 시간과 기름 들여 왜 여기까지 오니. 당연히 한가한 내가 나가야지." 그렇게 말리셨다.
난 가끔 식사를 사드리고 용돈을 드리는 정도로 할 일을 다 하고 있다고, 그만하면 나쁜 자식은 아니라고 생각했던 거였다.

보호자로서 각종 병원 서류의 빈칸을 메우면서 내가 얼마나 어머니에 대해 무지한가를 깨달았다. 한마디로 나는 괘씸한 자식이었다. 어머니의 집 주소도 주민등록번호도, 내 전화기 메모를 한참 뒤진 후에야 알아냈고 최근에 병원에 다닌 경력도, 평소의 혈압도, 무슨 약을 드시는지도, 무엇에 알레르기 반응을 하는지도 몰랐다. 그리고 하루 두 번 20분씩만 허용되는 면회시간도 나보다 더 바쁜 오빠와 교대하자고 우겨댔다. 장기전을 대비해 그래야 한다고, 점심, 저녁 하루 두 번을 왔다 갔다 하면 그 잘난 잡문을 쓰는 일에 지장이 크다면서…….

난 어머니에 대해 정말 아는 것이 철저하게 없는 아주 못된 딸이었다. 평소에는 감정이 넘쳐 주체를 못하면서 이럴 때는 징그럽도록 이성적이고 이기적인 그런 사람인 거다.

아마 위급한 순간에 내게 전화를 하셔서 내가 대신 구급차를 불렀다면 그 절체절명의 순간에 한참을 허둥댔을 걸 생각하면 그런 소리를 들어도 싸다.

내가 어머니 입원 후 그분 수첩 등 필요한 물건을 챙기기 위해 정말 오랜만에 엄마의 빈집을 열고 들어갔을 때 놀라웠다. 집이 마치 손님 맞을 준비를 하는 집처럼 너무도 잘 정돈돼있었다. 음식 쓰레기도, 먹다 남은 그릇도, 물컵도 모두 흐트러짐이 없어 처리돼 이 집이 새벽에 쓰러진 노인의 것이 맞나 신기할 지경이었다. 아무리 평소에 부지런하시다지만 세상에. 죽음을 예비해 매일 주변 정리를 이렇게 해오신 걸까.

아마, 어머니는 외로운 시간을 잊기 위해 또 씻고 또 닦고, 또 쓸고⋯⋯. 그 일을 하루 종일 반복한 것이리라. 무엇으로 혼자 매일을 소일하신다는 말인가.
어머니의 오래된 전화기에는 한 번도 열어보지 못한 수십 개의 광고 문자메시지가 쌓여있었다. 엄마 친구분의 전화번호를 알기 위해 낡아서 달아빠진 어머니의 수첩을 뒤졌다. 수첩표지 비닐칸 안에 누런 신문 쪽지가 눈에 들어왔다. 부서질 듯 낡은 그 쪽지는 내가 20년 전 어버이날, 어머니에 대해 세상에 대놓고 쓴 칼럼이었다.
읽어보니 어머니에 대한 내 '빈사랑'을 대단한 양 늘어놓은 거였다. 어머니는 그런 딸의 사랑을 굳게 믿고 외로울 때마다 위안을 얻으셨던 걸까. 가슴이 먹먹해 온다.

나는 늘 '사랑은 내리사랑인 거야' 하면서 어머니의 사랑을 당연시 해왔다. 나날이 작아지는 여든아홉이 코 앞인 노인이 가끔 머리가 아프다고 하면 "엄마, 정 아프면 병원을 가보고 아님 뭐 진통제 같은 거 한두 알 잡수." 그게 다였다. 병원은 물론 혼자 가시는 거였다. 무슨 일이든 씩씩하고 의연하게 하시는 분이라는 생각만 했지 그분의 나이도, 갈수록 꼬챙이처럼 말라 30kg대로 치닫는 체중도 별로 아랑곳하지 않았다. 늙으면 다 그런 거지 뭐……. 그런 거였다.

엄마는 입원 전 용인의 조촐한 유료 양로원에 가겠다고 우기셨다. 더 있으면 자식의 식사 수발을 받아야 한다고 여기신 거였다. 굳이 수녀원이 하는 곳을 택한 것은 천주교 신자이기 때문이라지만 단 한 푼이라도 더 남겨 자식의 노후에 부담을 주지 않겠다는 배려였던 거다. 그런데 그곳이 10년 전에 돌아가신 아버지의 산소와 멀지 않은 곳, 가는 길목이라는 걸 한참 지나 알아차린 후 나 자신을 자책했다. 아무짝에도 쓸모없는 그런 자책은 누가 못하나…….

외로움 같은 거 난 잘 몰라

우리는 오로지 사랑을 함으로써
사랑을 배울 수 있다.

– 아이리스 머독

평소 거의 일방적으로 전화를 하시는 어머니. "얘야, 오늘 저녁은 뭐 해 먹었니? 콩나물국엔 액젓을 넣어 간을 하면 더 맛있더라. 호호." 그럼 난 "네, 네……. 알았어요, 알았어." 건성으로 답한다. 속으로 매일 먹는 밥이 뭐 대수냐면서. 일생 직장에 매여 산 내게 그런 얘기는 그저 따분한 잔소리 정도로 들릴 뿐이었다. 그리곤 우린 늘 비슷한 얘기를 반복한다.

"어머니, 운동 열심히 해야 돼. 반찬도 골고루 챙겨 드시고. 그래야 안 아프지. 그게 자식 도와주는 거유." 이런 식으로 말이다.

가끔 아차 싶어 내가 먼저 전화를 걸면 어머니 집 전화는 늘 통화 중이었다. 어떤 땐 한 시간 넘게 통화음이 이어진다. 나중 대체 누구와 그렇게 통화를 하시냐 여쭤워보면 "응, 그냥……." 그렇게 말끝을 흐리신다.

내가 걱정스레 물으면 어머닌 이렇게 답하셨다. "외로움 같은 거 난 몰라." 마치 외로움이란 단어를 모르는 것처럼……. 난 "참 좋은 일이네. 편하게 그럴 수도 있구나." 그렇게 믿었다.
하루에도 몇 번씩, 군중 속에서도 외로움에 사로잡히는 내가 생각한 게 고작 그것이었다. 어머니는 식구들을 위해 물불을 가리지 않는 늘 용감하고 씩씩한, 그런 존재니까.

어머니 목소리에 힘이 실릴 때는 어머니가 자주 보는 TV 여행 프로에 소개되는 장소에 대한 말씀을 하실 때다. 그리곤 항상 이미 다녀온 곳은 그 프로와 비교해 소감을 말씀하시고 안 다녀온 곳은 "얘, 거기 멋있더라, 근데 돈 들여 가보면 뭘 하니, 가본 것과 똑같은데……." 내가 혹 불편해할까 봐 늘 그렇게 말씀하셨다.
그리고 전화 말미에 "우리 딸, 내 말 들어줘서 고맙다. 내가 딸이 없으면 어떻게 할 뻔했니……." 그렇게 끊으셨다.

나는 항상 "엄마가 거길 힘들어 가시겠어?", "돈 많이 든다고 싫어하실걸" 이런 생각으로 자연스레 어머니를 소외시키지 않았던가. 연례행사인 가족모임에서도 다른 화제에 밀려 어머니는 말없이 수저를 드실 뿐이었다. 식구들은 더 이상 어머니의 감정에 신경을 쓰지 않는 게 예사처럼 돼 버렸다. 늙으면 감정도 늙고 닳아버리는 거라는 듯.

"인간은 누구나 외롭고, 외로움은 자기와의 싸움이라고, 그 어느 것도 내 외로움을 대신해줄 것이 없으니 그렇게 견뎌내야 한다"고 그렇게 말할 수는 없는 데도 말이다.

엄마는 기적적으로 빠르게 회복하고 계시다. 이리도 고약하고 무심한 내가 나중에 땅을 치고 후회하지 않도록 엄마는 일단 사랑의 경고음을 울려주신 걸까.

어머니가 어서 자리를 털고 일어나시길 간절히 기도한다. 그럼 우선 평소 어머니가 가끔 혼자 버스를 타고 가 풀을 뽑던 내 외할머니의 산소를 먼저 들려야겠다. 어머니를 집으로 모시고, 함께 엄마가 좋아하는 TV 프로그램을 열심히 봐야겠다. 반찬을 장만할 때는 이것저것 토종 음식의 요리법이라도 자주 여쭈어봐야겠다. 사람이 기쁨을 느낄 때는 타인에게 조금이라도 도움을 주면서 자기 효능감(Self-efficacy)을 맛보는 것이라 하지 않는가.
목소리를 잔뜩 높여 수다를 떨며 연속극 주인공 흉도 보고 인터넷을 뒤져 어머니가 좋아하는 연예인 근황이라도 자주 들려드려야지. 그리고 많이 웃으시게 "리리 릿자로 끝나는 말은 개나리 보따리 미나리 유리 항아리……" 하며 아주 오래된 동요 한 자락이라도 함께 불러야겠다.

어머니의 외로움은 얼마나 깊은 걸까. 심지가 짧은 내 마음의 두레박으론 알 길이 없네.

엄마의 일기장

얼마나 많이 주느냐보다.
그것에 얼마나 많은 사랑을 담았는가가 중요하다.

― 마더 테레사

"엄마 보고 싶다."
 80대 노인인 내 어머니가 생전 처음 일기를 쓰면서 첫 문장이 이럴 지는 정말 몰랐다. 그것도 30년 전에 돌아가신 당신 어머니에 대한 그리움이 그토록 매일 사무치는지.

 설사 그렇다 해도 그런 기분을 누구에게 얘기하실 수 있었을까 생각하니 애잔함과 미안함이 솟구쳤다. 매일 바쁘다고 종종대며 무심한 아들과 딸에게 얘기한다면 과연 반응은 어땠을까? 아니면 함께 늙어가면서 어쩌다 한 번씩 통화하고 만나는 친구들에게 했다면? 일기장 곳곳에서 삶에 지친 어머니의 가녀린 한숨과 외로움이 묻어났다.
 '세상엔 나 혼자야.' 하는 탄식이 들리는 듯했다.

그래, 엄마에 대해 관심이 없었다는 게 솔직한 심정이다. 아니 엄밀하게 얘기하면 있긴 있었다. 내가 필요할 때만……. 이런 정도도 사실 최근에야 깨달았다. 엄마는 그저 가족과 외동딸인 나의 필요를 위해 거기 붙박이로 말없이 존재하는 줄 알았던 거다. 집 안에서 필요한 물건을 쌓아두는 창고처럼 또는 벽이나 문, 그리고 냉장고처럼.

자식이나 남편의 필요만 충족해주지, 자신은 요구할 줄 모르는 무생물처럼. 표현이 과장된 줄 알지만 그렇지 않고야 어찌 딸이라는 자가 그리 무심할 수 있었겠는가. 그분의 필요는 손톱만큼도 생각하지 않은 것 같아서 "그럼 이게 도대체 어찌 된 것이냐?" 하는 심정으로 내게 묻고 보니 생각 끝에 그런 결론에 이른다.

엄마라는 분은 별 감정이 없는 존재인지 안 거다. 감정이 없는 사람이 어디 있겠냐마는.
나 자신은 오만가지 감정으로 하루에도 시시각각 요동치지만 엄마는 몇 가지 굵은 감정만 갖고 가끔 그걸 느끼고 반응하는 다른 존재인지 알았던 거다.

가령 내가 어릴 적 성적을 잘 받든가, 대입 시험에 척 붙고 좋은 직장에 들어갈 때 환히 웃으며 좋아하시니 기쁜 감정은 가지고 있었을 것이고, 집안에서 할머니 상을 당했을 때 펑펑 우셨으니 슬픔을 느끼시는구나 정도로 말이다. 뭐 화를 내시는 것을 본 적이 있으니 분노의 감정도 하나 추가해야겠지.

가령 우리들이 흔히 말하는 외로움·고독·절망·질투·두려움·비애감·회한……. 그런 류의 미묘하고 어두운 감각류는 별로 느끼지 않고 사시는 줄 알았던 거다. 그래서 참 편하겠다고 생각했다. 그래서 걱정하지 않아도, 돌보지 않아도 알아서 씩씩하게 잘 살아가는 분이라고, 으레 그분의 기분 따위는 별로 살피지 않아도 되는 것으로 여긴 것이다.

남들보다 외로움을 잘 탄다고 불평하는 내가 어느 날 슬쩍 엄마에게 물은 적이 있다. "엄마, 혼자 계신 데 외롭지 않아?" "아니, 난 외로움 같은 거 몰라" 하시며 웃으셨던 기억이 있기에 더욱 그런 거리라.

그것도 아버지가 돌아가신 지 몇 년이 지난 어느 날, 시내 중심가에 사는 자식과는 떨어져 일산 근교 아파트에 혼자 사시는 그분께. 전화를 끊고 스스로 끄덕였다. '그래 그럴 거야'라고 말이다. 어머니라는 이름을 가진 사람이니까. 당연히 엄마니까.

그런데 그게 아니었던 거다. 어머니가 한밤중 뇌졸중으로 쓰러져 한동안 병원 신세를 진 후 어느 날부터 내 집에 모시기 위해 엄마 집을 정리하면서 알게 됐다. 이삿짐을 다 차에 싣고 종이 쓰레기를 치우는데 방바닥에서 노트 한 권이 발견됐다.

"어라 이게 웬 노트?" 다른 종이와 함께 그냥 쓰레기봉투에다 넣으려다가 그 안을 들여다보았다. 엄마 집에 노트가 있다는 것 자체가 신기해서 말이다. 그건 엄마의 일기장이었고 화장대 뒤로 엄마도 모르게 떨어져 한동안 쓰다가 그만둔 것이었다.

"세상에……. 엄마가 일기를 쓰는 사람이었어?" 순간 놀랐다. '엄마가 무슨 따로 할 얘기가 있다는 거야?' 하는 생각에.
반찬 얘기, 빨래하고 장 보는 얘기, 자식 걱정하는 얘기 등이 그분이 할 줄 아는 얘기의 전부가 아니던가…….

적어도 일기장에 비밀스럽게 자신의 감상을 적는 것은 어머니와 어울리지 않는다고 생각했나 보다. 내게 어머니는 너무도 현실적이고 실용적이어서 무언가 사색하고 고민하기보다는 앞만 보고 무조건 나아가는 강인한 사람이라고 여겼으니까. 모진 풍파에도 아랑곳하지 않고.

팔순의 생신을 맞아 자식들이 밖에서 사드린 저녁 식사를 하고 혼자 집으로 돌아와 자신의 느낌을 적기 시작한 것이었다. 그날 엄마는 80이라는 나이의 무게와 이제 죽음이 멀지 않았다는 느낌을 아주 진한 외로움과 함께 느꼈던 것 같다. 이렇게 힘들게 시작한 자신의 '고백서'가 없어졌으니 얼마나 여러 날 일기장을 찾으려고 헤맸을까 생각하니 짠해져 왔다.

엄마는 삐뚤빼뚤한 글씨로 일기장에 말을 건넸다. "내게 자식이 있어 생일날 맛있는 것을 사주니 그저 고맙고 행복하다. 우리 엄마에게 나는 그러지 못했는데……. 밥을 먹다가 아이들 앞에서 눈물이 나서 혼났다"고. 그날 이후 엄마는 수십 전에 돌아가신 당신의 엄마를 일기장에서 아이처럼 불러댔다.

또 "팔십 고개를 넘으니 몸도 마음도 다르다. 주님께서 나를 부르는 날이 가까워진 느낌이다. 주님께 감사하며 나의 소원을 빌고 싶다. 나를 낳고 헌신적으로 키워주신 우리 어머니 영혼이라도 만날 수 있게 해주신다면 어머니 살아계실 때 잘해드리지 못한 사죄와 함께 고맙다는 말씀을 해 드리고 싶다." 그리고는 "보고 싶다. 우리 엄마"를 연발하고 있었으니.

80이 넘어 허리가 90도로 꺾어져 가는 '꼬부랑 할머니', 어머니가 당신의 엄마를 애타게 그리워하고 있었다. 그리고 당신 엄마와의 지난 세월을 회상하고 반추하듯 당신의 삶의 구비 구비를 거기 적어놓았다. 내게 늘 씩씩한, 그래서 때로는 피곤하게 다가왔던 엄마의 삶은 '파란만장' 하고 그래서 '어찌 말로 다 할 수 있을까' 하는 삶이었다고.
아마 이 일기를 쓰실 때는 눈물이 그렁그렁해서 때론 펑펑 울음을 터뜨렸으리라.

일기장 곳곳에는 외로움이 뭉텅 묻어났다. 그 외로움을 이기기 위해 마음을 추슬러 열심히 나가 동네 운동장도, 공원도 몇 바퀴 돌고 돌아왔다는 얘기도 적혀 있다. 그래도 외로움이 가시지 않을 때는 "주님께 기도하면서 다시 돌아가신 내 엄마의 80대 심정이 고스란히 전해져 눈물이 난다"며 마치 어린아이처럼 엄마를 찾고 계셨다.

그리고 딸인 내가 몇 해 전 어머니 보시라고 사다 드린 1백세 일본 시인 시바타 도요 할머니의 시집에 실린 '약해지지 마'를 외우면서 스스로도 약해지지 말자고 외친다고.

"있잖아, 불행하다고 / 한숨 쉬지 마 / 돈 있고 권력 있고 그럴 듯해 보여도 / 외롭고 힘들긴 다 마찬가지야 / 햇살과 산들바람은 / 한쪽 편만 들지 않아 / 꿈은 평등하게 꿀 수 있는 거야 / 난 괴로운 일이 많았지만 / 살아있어 좋았어 / 너도 약해지지 마" (by 시바타 도요)

이렇게 혼자 좁은 마룻바닥을 돌며 '약해지지 마'를 수십 번 외치고 나면 씩씩해진다며 스스로를 기특하다고 하셨다.

그러면서 "아무렴, 100세 할머니도 그 연세에 베스트셀러 시인이 되셨는데 나도 힘내야지." 그러셨단다. 또 "우리 딸내미가 내게 시집을 다 사다 주다니 엄마를 멋쟁이로 알고 있나 봐. 호호." 그렇게도 적으셨다.

눈물이 났다. 진작 시집도 사드리고 멋진 영화나 연극도 자주 보여 드릴걸. 그러고 보니 어머니께 그런 선물을 한 적은 까마득히 먼 옛날이었다. 엄마는 당연히 제외하는 걸로 알고 남편과 나 그리고 내 아들, 그렇게만 보러 다녔었다. 그 이후 엄마는 오로지 '남겨진 생을 살기 위해 무조건 사는 사람' 정도로 여긴 게 아닐까. 이제는 별로 소용과 쓸모가 없는 사람으로······.

어머니는 곧이어 "인생은 혼자다. 나 스스로 행복하게 만들어야 한다. 노후대책도 열심히 해야지. 보다 아껴야겠다. 아이들에게 조금이라도 남겨주려면. 가진 것이 너무 없으니 참 주고 가는 게 없구나. 세상사는 마음먹은 대로 되지 않는다더니 그게 진리인 것 같구나." 이런 심경들을 반복적으로 적고 있었다.

그리고 월세를 줘서 생활비를 쓰고 있는 일산의 어머니 소유 작은 아파트를 나중 팔아 "너희 남매가 서로 다정한 마음으로 정확하게 반씩 나눠 가졌으면 좋겠다"고 유언처럼 하셨다. 그리고 현재 수중에 갖고 계신 현금은 장례비로 써 달라 적으셨다.

그리고는 "너희가 가끔 오기 편한 어느 공원묘지에 나무 한 그루 사서 수목장을 해달라"고도 하셨다. "친척이 없어 외로운 너희들이 가끔 갈 곳이 있게 하고 싶다"는 거였다.

엄마의 관심은 당신 어머니에 대한 그리움과 미안함, 아직 육신도 경제력도 멀쩡한 자식들, 그러면서도 제 엄마에 대해서는 무심한 자식 걱정에 기울어져 있었다.

그나마 생신 때면 생전 생신상 한번 차려 드린 적 없이 그저 쉽게 가자며 어머니를 밖으로 불러내고 얇은 봉투 하나 드린 것을 고마워하시며 그보다는 무엇을 더 줄 게 없나 염려하시는 거였다.

어머니의 일기는 매번 기도문으로 끝난다. "하늘에 계신 우리 아버지, 제 기도를 들어주소서. 저 미욱한 율리아나, 하나님께 구합니다. 제가 마지막 가는 길, 자식들 힘들지 않게 제 남편처럼 한순간에 돌아가게 하시옵고 살아있는 그 날까지 아이들에게 필요한 에미가 되게 그렇게 도와주소서."

어머니는 오로지 죽을 때까지 기도 속에 자신의 효용가치를 구하고 계셨다. 어떻게든 자식에게 쓸모있는 그 무엇이 되고자 했다.

너도 내 나이 돼 보렴

자신을 사랑하지 못하면 남도 사랑할 수 없다.

- 모건 스콧 펙

병약한 엄마와 함께 살게 되면서 내 일상의 평화가 위태로워졌다. 눈을 뜨면 아침부터 허둥대는 나날이 이어지게 됐다.

앙상하게 뼈가 들어나 보기에도 민망해진 30kg대의 몸무게를 가진 엄마의 식사를 챙겨야 하는 일이 가장 급선무가 됐기 때문이다. 식욕이 없다시니 이것저것 삼시 세끼 새 반찬을 만들어 챙겨야 하니 평소 음식에 소질이 없는 딸의 입장에선 보통 버거운 일이 아니다.

나 같은 '요리 무뇌아'가 하루 세끼를 장만하려니 이젠 솔직히 지치고 진이 다 빠진 것처럼 힘이 든다. 엄마가 체중계에 오를 때는 내가 '엄마 사랑' 시험대에 오르는 기분이 든다.

'이제 죽어도 그만'이라는 생각을 갖고 있는 엄마는 체중이 더 빠진들 그게 대수냐는 식이니 몸무게가 더 빠진들 아랑곳하지 않지만 나는 단 몇백g에 안절부절못하게 되는 것이다. 그게 오로지 내 죄 인양.

"안 먹어, 안 먹어!" 오늘도 습관처럼 외마디를 외치고 손사래를 치며 밥상을 밀어놓는 엄마. 입맛이 없다 해서 동네 죽집에서 평소 좋아하시는 녹두죽을 사다 드렸더니 오늘은 말간 흰쌀죽에 새우젓을 곁들여 드시고 싶단다. 70여 년 전 아플 때 당신 엄마가 쒀 준 그 죽이 입맛 없을 때는 최고란다.

"엄마, 그건 사 먹을 게 별로 없을 때였던 옛날 옛적 얘기야. 마른 쌀을 언제 물에 불려 밥알이 뭉근해질 때까지 계속 저어가며 흰쌀죽을 만들어요?"

순간 엄마가 얼마나 야속하고 미워지는지 모른다. 솔직히 울화가 치민다. 원망이 서린 가시 돋친 말을 연이어 쏟아낸다.

"먹기 싫다구요? 맛으로 먹지 말고 약으로 먹으면 되잖아. 아프지 말라고 약으로 말이야. 맛이 없다구? 그럼 약은 왜 먹냐구요." 하루에도 몇 번씩 나는 엄마에게 가히 협박조다.

"안 먹어서 자리에 완전 눕게 되면 나는 어떻게 하라구. 그때부터는 정말 온 식구가 비상사태야. 생각하면 모르겠수? 엄마가 날 도와주는 유일한 길은 그냥 싫어도 먹어주는 거라구요. 일생 자식 사랑해왔다는 엄마가 그것도 못 해줘? 먹기 싫더라도 나를 위해 먹어주면 안되냐구?"
이런 심산으로 엄마에게 모진 말을 퍼붓는다.

빈속을 급하고 쉽게 채울 요량으로 미숫가루에 과일 등을 내놓으면 역시 나름의 이유가 있어 '안 먹어, 안 먹어'가 계속된다.
"사과는 빈속을 쓰리게 하고 배와 참외는 속을 훑고 연시는 변을 못 보게 하고 수박은 설사가 나게 하고 바나나는 목에 메고……."
엄마 나름의 이유로 거절하는 것이다.

난 엄마가 그렇게 안 드시는 게 많은 줄 예전에 미처 몰랐다. "뭐 당신이 그리 대단한 귀족 출신이라고, 이 정도면 상류층 수준이고 감사할 줄 알아야 한다"며 분노와 원망을 쏟아낸다.

그리고는 몇 번의 실랑이를 거친 후 어느 날 별안간 깨닫게 됐다. 내가 가끔 음식점에 가서 외식이라고 해서 사드린 것 외에는 엄마가 평소 잡숫는 거에 대해 아는 게 없고 과연 무엇에 대해 관심이 있었는가 하고 말이다. 언제 잡수시라고 무얼 해 드린 적이 없었던 것이다.
그리고 틀니를 하면 이것저것 씹기도 쉽지 않고 식감이 감소돼 먹는 일이 고역인 경우가 많다는 것도 훨씬 후에나 알았다.

10년 훨씬 더 된, 닳고 닳은 틀니를 끼고 있는 엄마는 그동안 병마에 시달리면서 체중이 많이 감소됐다.

잇몸도 수축된 탓인지 틀니가 덜컹거리며 맞지 않는다며 괴로움을 호소한다. 여러 군데 치과를 들락거렸지만 의사들의 반응은 별로 시원찮다. 새로 해봐야 그렇고 약간 손질해 다시 쓰라는 정도다.

환자나 보호자가 이제 새삼 거액을 투자하는 게 무리고 낭비라고 보는 데다 다시 해봐야 만족스러운 결과를 얻지 못할 것이라는 모호한 말로 얼버무린다.

한마디로 갈 날이 머지않았으니 그냥 대충 쓰라는 의미인 것이다. 그런 거다. 늙으면 생을 사는 것이 아니라 살고 어쩌다 찌꺼기처럼 남아있는 나머지 생을 잉여인간으로 사는 거라는 것을 그들은 말하고 있는 것이다. "이제 그만 사셔도 된다"는 것을 아무 거리낌 없이 잘 알아들으라고 말해주는 것이다.

하지만 살아갈 날이 많이 남지 않았다 해서, 죽음이 목전에 어른거린다 해서 삶의 무게가 가벼워지는 것은 아닌 것이다.

"너도 내 나이 돼 보렴." 나도 머지않아 이 유전하는 언어를 내 자식에게도 들려주게 되리라. 슬프게, 때론 절망스러운 마음과 표정으로……

그런 두려운 세월의 나이를 비켜가거나 뛰어넘고 싶은 마음 간절하다.

외롭지도, 절망하지도 못하는 사람

*인생을 돌아보며 제대로 살았다고 생각되는 순간은
사랑하는 마음으로 살았던 순간뿐이다.*

– 헨리 드러먼드

맞다. 그렇다.

얼마 전까지만 해도 나는 엄마가 몇 가지 그저 굵직한 몇 가지 감정만 가진 사람인 줄 알았다. 그건 그저 잔소리 속에 담긴, 자식에 대한 사랑·염려·슬픔·기쁨 등 몇 가지 정도.

자식의 문제로 발생한 감정을 제외하고는 그 자신이나 그 밖의 대상에 대해 애간장이 녹도록 슬픈지도 외로운지도 허전한지도 절망적이지도 않은 사람인 줄 알았다.

나 역시 세월의 힘을 의식하면서, 그리고 내가 엄마가 되고 자식을 출가시키고 그 자식 부부에게는 잘 성숙한 어른인 양 타인처럼 내 감정을 숨기고 살아야 함을 느꼈을 때 내 그 이전의 감정들이 사라지는 것이 아니라 할 수 없이 사력을 다해 감추고 있다는 것을 깨달아야 했다.

또 결혼해서 내 아이가 아내를 맞이해 가정을 꾸려 나가고 아이를 낳으면서 더욱더 부모와는 별개의 독립체임을 갖가지 심리반응과 그 행위로 내게 보여주면서 슬슬 내 어머니의 심정을 헤아리게 되니 말이다.

사람에 따라 다르겠지만 그 감정을 이겨내는 방법이나 의지가 날로 숙성해 젊은 시절보다 훨씬 나아졌다고는 말하기 힘들다. 내 경우, 비록 내 엄마에게는 그런 것을 요구하고 당연히 그래야 한다고 생각했지만 말이다.

그래서 내가 필요해 무엇이든 요구할 때 엄마의 입에서는 "그래, 알았어. 할게"라는 대답이 나오는 것이 당연한 것인 줄 알았다. 내가 요구하면 당연히 별 갈등 없이 그냥 하는 사람, 아니 갈등의 여지없이 무조건적으로 달려드는 사람, 또 해결할 수 있는 능력을 항상 가진 사람인 줄 알았다.

돈이 필요하다 하면 어딘가 숨겨 놓았던 돈을 턱하니 꺼내놓는 사람. 아이를 무턱대고 낳아놓고 봐 달라 요구하면 그게 어디가 됐든 당신 남편은 팽개치고 와서 당신 건강은 돌보지도 않고 무보수 베이비시터가 되는 게 당연할 줄 알았다.

그러고도 자식을 위한 것이니 그냥 기쁘기만 한 것인 줄 알았다. 내가 신세 지는 게 아니고 기쁨을 주니 당연히 애는 봐줘야 하는 것인 줄 알았던 것이다.

한때 누구의 사랑스러운 아이였고, 한때는 빛나는 젊음을 자랑하고 사랑에 빠지기도 했던 젊은 시절의 어머니 감정은 다 늙고 닳고 탄력도 없어져 그 감정쯤은 무시해도 되는 줄 알았다. 별 느낌이 없으니 무시해도 역시 느끼지 못할 줄 알았다.

난 수시로 엄마에게 "그냥 가만 계슈. 걱정하지 말고. 그러는 게 도와주는 거야." 일이 생겼을 때 당신이 도와줄 수 없음을 알라고, 아무 도움이 안 되니 그에 대한 안타까움을 토로해봐야 정신만 복잡해지니 그냥 쥐죽은 듯 가만있으라고. 그렇게 윽박질렀던 것이다.

그런데 살아보니 그게 아니었다. 육체적으로나 능력 면에서나 세상의 잣대가 더 이상 생산에 참여할 수 없는 나이, 죽음을 준비하며 쉬어야 할 경계선에 있는 나이 그래서 더 이상 그 사람이 가진 은행 잔고 외에는 더 이상 호기심을 갖거나 기대하지 않는 나이이니 마음은 더 애가 탈 수 있음을 알아차렸다.

늙는다는 것은 체념한다는 것, 육체가 약해져 자신감을 잃고 마음을 비운다는 것, 움츠러들고 기가 죽어 자식의 눈치를 살핀다는 것, 그리고 자식에 손 벌리지 않고 버틸 수 있을까, 내 은행 잔고에 남은 돈을 떠올리며 그나마 위로를 삼는 일이다.

"너도 늙어보렴." 입버릇처럼 하시는 어머니, 뒤늦게 "아, 죄송합니다." 이 말밖에는 할 말이 없다.
 20여 년의 간격을 두고 엄마 뒤를 좇아가는 이 어리석은 딸자식, 언제가 후회막급해 땅을 칠지도 모를 일이다. 아니 필연코다!

딸과 엄마, 애증의 관계

서로 웃어라. 미소를 지으면 서로가
좀 더 위대한 사랑 속에서 성장할 수 있다.

- 마더 테레사

요즘 흔히들 '딸이 더 좋다'고 한다. 아들 하나 달랑 가진 엄마인 나로서는 아들이 더 좋은 건지 딸이 더 좋은 건지 잘 모르겠다. 굳이 말하라 하면 '케이스 바이 케이스'라고 우긴다. 세상사, 거의 다 그러니까. 어디 절대로 '나쁜 사람'이 있고 무조건 '좋은 인간'이 있지 않은 것처럼. 그리고 이 또한 상대적이니까. 내가 선해야 상대도 선하게 나오니까. 평소의 내 생각이다.

그런데 우리 엄마의 딸로, 그분의 아들인 나의 오빠와 한집에서 산 25년의 세월을 돌이켜 보면, 딸이 더 좋다는 말이 쉽게 나오지 않는다. 또 내가 어머니에게 하는 행태만 보아도 과연 딸이 좋을까 의구심이 든다. 요즘 '딸이 더 좋다'고 우기는 사람들이 말하는 갖가지 나름의 이유를 들으면 일리가 있는 구석도 있어 반쯤 동의하는 편이다.

"진짜 딸이 더 좋아서라기보다는 며느리의 남편이 된 아들 다루기가 녹록지 않으니까. 딸이 더 좋아야 하는 것이다. 그렇게 자위해야 하는 것이리라"라고. 또는 "인생 백세시대, 홀로 된 노후에 며느리에 의탁하기보다는 그래도 딸이 더 만만하니까"라고 얘기하면 좀 삐딱한가.

내가 한 집안의 딸로 '홀대받던' 그 시절을 돌이켜보면 절대 아니올시다. 아주 오래전 일이고 세상이 많이 달라졌지만, 사람의 마음에 달린 문제니 그제나 이제나 거기서 거기니까.

엄마와 무던히도 서로 부딪혔던 청소년 시절, 무척 억울해했던 기억이 지배적이다.
"내가 아들이라면 엄마가 저러지 않았을 걸, 딸과 아들을 참 많이도 차별하는구나……."
그런 생각을 줄곧 하며 자랐다. 내가 알건대 우리 가정은 운 좋게 대충 중산층 이상으로 살았으니 흔히 얘기하는 물질적으로 딸인 내게 불이익이 주어졌던 건 아니다. 밥이나 옷은 그런대로 문제가 없었으니 말이다.

그러나 심적으로 우리 모녀는 서로가 불편한 점이 많았다. 오빠가 하면 그냥 지나갈 것도 내가 하면 '미운 짓', '얄미운 짓'이 돼 엄마의 심기를 건드렸다. 지금 생각하면 아주 사소한 일들이 그때는 땅이 꺼질 듯 슬프고 억울했다. 기가 막혔다. "도대체 내가 뭘 그리 잘못했다고!" 하면서. 그 또한 지금은 웃음 짓게 되는 한순간의 지난 세월일 뿐이다. 지나간 일은 모두 아름답다 했던가.

그런데 고백하건대 지금 되돌아보면 딸인 나는 제 발로 바깥세상과의 소통이 가능해진 이후 엄마라는 존재에 별 관심이 없었던 것 같다. 아니 엄밀히 말해 필요한 때만 관심이 있었던 거다. 엄마라는 '만능 공급자'의 돌봄이 필요했지, 그 필요에 감사할 줄은 몰랐다.

한 대학에서 공모전을 해 대상을 탔다는 누군가의 '어머니'에 대한 글은 내 심정을 어쩌면 그리 그대로 옮겨 놓았는지 감탄할 정도다. 아마 딸들이라면 다들 심정이 비슷하리라 믿는다.

"어머니, 나에게 티끌 하나 주지 않는 걸인들이 내게 손을 내밀 때면 불쌍하다고 생각했습니다. 그러나 나에게 전부를 준 당신이 불쌍하다고 생각해본 적은 없습니다.
나한테 밥 한번 사준 친구들과 선배들은 고마웠습니다. 답례하고 싶어 불러냅니다. 그러나 날 위해 밥을 짓고 밤늦게까지 기다리는 당신이 감사하다고 생각해본 적은 없습니다. 실제로 존재하지도 않는 드라마 속 배우들의 가정사에 그들을 대신해 눈물을 흘렸습니다. 그러나 일상에 지치고 힘든 당신을 위해 진심으로 눈물을 흘려본 적은 없습니다.

 골방에 누워 아파하던 당신 걱정은 제대로 해본 적이 없습니다. 친구와 애인에게는 사소한 잘못 하나에도 미안하다고 사과하고 용서를 구했습니다. 그러나 당신에게 한 잘못은 셀 수도 없이 많아도 용서를 구하지 않았습니다. 죄송합니다. 죄송합니다. 이제서야 알게 돼서 죄송합니다. 아직도 전부 알지 못해 죄송합니다."

 대학생인 이 딸은 이미 대학 때 죄송함을 깨닫고 가슴 깊이 사죄하고 있는데 나는 어머니에게 대학생보다 더 나이 든 손자를 안겨드린 지금도 미련함과 어리석음을 반복하고 있으니 참 부족하고 부족하다. 그러니 딸이 낫다고 어떻게 말할 수 있겠는가.

 돌이켜보건대 내가 그 시절, 그 이후, 지금도 여전히 엄마에 대해 아는 게 없으니 그렇게 말할 수밖에 없다. 관심이 있었으면 수십 년을 그렇게 의탁하고 부대끼며 함께 살아온 사람에 대해 이리도 무지할 리가 있겠는가.

 내 머릿속엔 세월 가도 여전한 옛날 사진 속의 어머니처럼 고착화된 어머니의 겉모습 정도만 담겨있다. 그녀가 무슨 생각을 하는지, 그 무엇에 대해 깊은 고민을 하고 있는지 몰랐고 알려 하지도 않았으며 그런 필요도 느끼지 않았다.

내가 필요해 요구할 때 그게 충족되면 문제가 없는 거였다. 그냥 내가 필요한 것만 빼내면 되는 그런 대상이었던 것이다. 매일 수시로 퍼날라도 마르지 않는 내 유년기 집 마당의 깊은 우물처럼. 나는 지금도 여전히 늙은 어머니의 마른 가슴에 빨대를 꽂아 놓고 수시로 젖을 탐하고 있는 것이리라.

모녀 갈등은 사랑의 다른 이름

*사랑은 눈으로 보지 않고
마음으로 보는 거다.*

- 윌리엄 셰익스피어

맞다. 그래서 싸다. 얌체 같은 딸이니까 역시 인간인 엄마로부터 수시로 욕을 먹었던 거다. 나는 때때로 억울하다고 거칠게 항변했지만 자식새끼 힘들여 키운 엄마는 욕하고 화내는 게 당연했던 거다. 해 줘도 해 줘도 몰라주고 제 것만 챙기기에 급급하니 헛헛하고 얄밉고 미웠던 거다.

그런데 자기가 낳은 자식에 대한 모성과 책임감이 족쇄가 돼, 안 그래도 이미 삶에 지친 자신이 자꾸 내몰리니 비명에 가까운 울부짖음을 딸인 내게 퍼부은 것이리라.

딸인 내가 당신의 괴로움을 퍼붓기에 가장 좋은 약자이면서 원인

유발자이기도 하니까. 내가 지금 그때를 회상하며 내릴 수 있는 '객관적 판단'이다.

그런데 지금 거동이 여의치 않아 온종일 집에서 소일하시는 팔십 노모와 나는 여전히 기 싸움을 하곤, 하루가 멀다 하고 토라지곤 한다. 엄마나 나나 별거 아닌 일로 신경전이다.

어느 날은 일껏 해놓은 반찬들을 엄마가 말없이 밀쳐놓을 때, 어떤 때는 내가 휴지통에 버린 목 늘어난 양말을 다시 집어 올려서 신을 때, 또 어떤 때는 두껍게 살점이 깎여져 나간 사과 껍질을 놓고 잔소리를 할 때 나는 엄마에게 버럭 화를 낸다. 어릴 적 엄마가 내게 화를 냈던 것처럼.

"엄마, 이 반찬도 안 잡수시면 난 어떻게 하라고?" "내가 낭비하는 사람도 아니고 다 이유가 있으니 버린 거지" 하면서. 평소에는 별거 아니지만 내 기분에 따라 별것이 되고 아닌 것도 되니 내 어린 시절처럼 엄마는 무지 억울하실 것이다.

더구나 스스로 늙고 병약해 약자라고 생각하실 터이니. '야단'을 치는 나는 그래서 뭘 얻겠다는 게 아니다. 이때 엄마는, 그냥 나 자신에게 질책하듯 화풀이 대상인 것이다. 내 분노를, 내 속상함을 배설하곤 조금 있으면 아무 일이 없었던 것처럼 행동하는 사이인 것이다.

불가해한 사이, 그분의 몸을 나누어 갖고 세상에 나와 평생 그렇게 거울 앞에 선 자신처럼 짝 지워진 숙명에 때론 몸부림을 치는 것이리라. 옴짝달싹할 수 없는, 피하려야 피할 수 없는 그 불가항력의 인연에 기막혀하고 있는 것이리라…….

혼자 사시기 버거워 지금은 딸인 내 집에 와 계시는 엄마는 딸의 태도에 화가 나실 때는 "그래, 늙은이는 따로 살아야 해" 하고 방문을 닫으신다. 더 이상 티격태격해봐야 자신의 얼굴에 침 뱉기라며 휴전을 선포하시는 것이리라.

그리고는 어디 사설 노인요양시설에도 들어갈 것이라고 하루건너 얘기하신다. 그게 내가 예전에 집을 뛰쳐나가겠다고 엄마를 위협했던 그것과 크게 다르지 않다.
그런 엄마의 항변에, 심각하게 죄송한 마음으로 용서라도 구해야겠지만 나는 버르장머리라고는 전혀 없는 인간처럼 그냥 무시하고 넘겨버린다.

엄마는 당신의 말에 아무 힘이 실리지 않는 것을 아신다. 이제 아무것도 실행할 수 없음을 절감하면서 얼마나 답답해하실까 먼 훗날의 나를 그 상황에 대입해보며 가끔 미안해할 뿐이다.
내가 예민해져 있을 때는 별거 아닌 엄마의 행동이 답답하게 느껴지고 미워진다. 엄마가 나 어릴 적 자신이 힘들 때 내게 퍼부었듯이 나도 여과 없이 쏟아붓는다.

 엄마와 딸들이 서로 크게 기분 나쁜 일이 생긴 듯 화를 내고 언쟁을 하는 것은 한마디로 관심 영역이 같아서라는 게 내 관찰의 결과다. 한마디로 노는 물이 같다는 것이다. 특히 집안일을 관리해야 하는 두 사람의 입장이나 관심이 엇비슷하고 그에 무관심한 남편이나 아들과는 굳이 언쟁을 할 소재가 없는 데다 성에 따른 역할이 다른 것이라고 아예 제쳐둔다는 심리가 저변에 깔려있기 때문이다.

 함께 생활하면서 불거지는 일이라도 남자들에게는 면죄부를 주겠다는 아량이 발휘되는 것은 서로 이성 간이기 때문이라고 생각한다. 그리고 귀에 못이 박히도록 들어온 남녀 차이에 대한 오랜 학습이 주효했기 때문이리라.

 엄마와 딸은 서로 영역과 관심과 책임이 같은 일을 어려서부터 좁은 집 안에서 함께 겪고 습관처럼 티격태격하면서도 수십 년을 언제 그랬냐는 듯 살아왔으니 그게 아예 일상사로 굳어진 거다.

 엄마와 딸의 관계는 남편이나 아들에게 하지 못하는 것들을 쏟아내는 분출구였고 언제 그랬냐는 듯 다시 평온한 일상으로 돌아가는 일들을 반복했으므로 화내고 싸우고 함께 밥을 먹고 쇼핑하고……. 그게 그냥 습관처럼 굳어진 공생의 일상이었던 거다.

나이상으로는 20~30년의 터울을 둔 모녀간이지만 두 사람의 감정 상태는 나이와 무관하게 비슷한 상황이라 평소 친구에게 느끼듯이 질투의 감정도 솟아나곤 한다. 아빠가 더 딸을 사랑하는 것처럼 비칠 때, 모녀 중 한 사람은 고생하고 있는데 한 사람은 별 고마움에 대한 감사의 표시도 없이 그 덕분에 호의호식할 때, 자신이 못 다닌 멋진 대학을 딸만 다니면서 으스대는 것처럼 여겨질 경우 등이다.

딸이 사회적으로 인정을 받고 경제적으로 월등함을 보일 때 엄마는 질시나 야단을 거두고 아들이나 남편에 준하는 대접을 하는데 이의를 달지 않는다.

때론 이 사회 어느 구석에서도 통용되는 강자와 약자의 논리가 모녀간에도 엄연히 살아있었던 거다. 인생의 주기에 따라 때로는 딸이, 때로는 엄마가 억울하기도 한 것이다.

이런 잠재, 혹은 억제돼있던 엄마의 분노와 섭섭함은 딸이 출가해 완전히 분리를 선언했을 때 확연하게 드러나게 한다. 여태까지는 한 공간에서 공생하기 위해 이해하고 달래려 했던 억압된 감정이 객관화돼 보이고 표면 위로 표출되는 것이다.

단지 내 딸의 역할에서 누구의 아내와 엄마로 새롭게 태어난, 출가한 딸의 모습이 지나온 세월 자신의 모습과 겹쳐져 복잡한 감정에 휩싸이게 된다. 이제 더 이상 한울타리 안에서의 공생관계가 아닌 것, 그렇게 떨어져 바라보는 것에 대한 섭섭함, 외로움으로, 때론 측은지심과 노여움으로 뒤범벅이 돼 자신도 모르게 나타나는 것이다.

때로 '한국적인 어머니들'의 과잉 헌신과 친절은 보다 많은 기대를 불러오게 되고 이 기대가 결혼과 함께 제 살길 찾아 더욱 이기적이 된 딸자식에게 가차 없이 부정당할 때 엄마는 분노하게 된다. 또 딸은 딸 대로 이전보다 계산적이 된 엄마를 원망하게 되는 것이다.

결혼 후 '출가외인'이 된 딸과 엄마의 갈등은 보다 확실한 모습으로 드러나고 두 사람에게 서로에 대한 객관적인 시각과 판단을 부여하게 된다. 그러면서 둘 사이에 관계를 그르치지 않게 하는 '안전거리'가 조금씩 확보되는 것이다. 비록 애증을 담은 말다툼은 끝나지 않을지라도.

모녀 공동으로 『엄마와 딸』이란 책을 펴낸 리사 스코토라인과 프란체스카 스코토라인 세리텔라 씨는 "갈등은 우리를 강하게 만든다. 갈등은 바로 어렵게 얻을 수 있는 솔직함이기 때문이다. 서로에게 솔직한 만큼 우리 모녀는 가까워진다. 모녀간에 전혀 싸우지 않는 유형은 최선의 관계라 할 수 없는 것 같다. 가끔은 마치 '웬수'처럼 하는 모녀간의 싸움은 정상이다. 엄마라는 직책에는 유효기간도, 만기일도, 정년도 없다. 한 번 엄마는 영원한 엄마이며 갈등과 다툼은 사랑의 다른 이름이다"라고 일갈한다. 그렇게 얘기하고 싶은 거다. 마음이 편하려면 달리 도리가 없다.

세상에서 가장 가까운 사이인 딸과 엄마의 갈등관계는 동서를 막론하고 같은 모양이다.

그리고 그 딸 역시, 세월이 흐른 어느 날, 내리사랑을 쏟으며 지금은 더 이상 존재하지 않는 어머니께 홀로 사죄하게 되리라. "어머니, 잘못했어요. 경박하고 무심하고 한심한 딸을 용서하세요"라며.

알뜰한 당신

간소하면서 허세 없는 삶이
육체와 정신을 위한 최상의 것이다.

― 아인슈타인

　　병원을 드나들다 보면 병원비 중간 결산을 놓고 자식들끼리 언성을 높이는 장면도 낯설지 않다. 간병인들은 자식들이 얼마나 냉혹할 수 있는지 얘깃거리로 쏟아낸다.

　　많은 자손들이 투병 중인 노부모를 얼마나 짐스러워하는지, 입원이 길어지면 얼굴 보기 어렵고, 어쩌다 와서는 짜증스런 표정이 역력하니 보기 민망해 슬그머니 자리를 피해 준단다. 또 병문안 때 차비라도 쥐여주는 노인들에게는 자손들의 대접도 다르다는 것이다.
　　주머니가 빠듯한 친정어머니도 이런 상황을 예감하신 걸까.

　　6인실이 남아있지 않은 병원에 입원해 1~2인 병실에 머무는 날이 길어지자 병든 어머니의 노심초사는 보기에 딱하고 민망할 정도란다.
간병인에게 하루 입원비가 30만 원~50만 원이라는 얘기를 듣자 알뜰 분야에서는 둘째가라면 서러운 우리 어머니는 입을 다물지 못하시더라고 했다.

두 달 가까이 어머니를 지킨 간병인은 어머니가 자식들이 없을 때면 회진 의사에게 병실을 값싼 6인실로 바꿔달라고 사정을 했다는 얘기도 들려준다.
중간중간 자리를 비우고 다른 6인실에 누가 짐을 싸고 있는 게 아닌가 점검하러 다니신단다.

돌아가실 경우 '간소화하는 게 현명한 것'이라며 수의는 물론 장례용 수목장 나무 한 그루의 가격까지 미리 따지시는 알뜰한 그분에게 그 비싼 입원비는 차라리 형벌에 가까운 것이리라.

퇴원 후 딸에게는 짐이 되지 않겠노라며 매달 당신 몫의 집 생활비도 꼬박꼬박 건네신다. 요즘도 밥 한 톨, 종이 한 장 버리지 않겠다며 집 안 냉장고와 쓰레기통을 수시로 살펴보고 전기 코드는 모조리 뽑아놓아 나와 종종 실랑이를 벌인다.
긴 투병에 휘청거리면서도 버스를 두세 번 갈아타고 값싼 파마를 하는 변두리 미장원을 찾아 나서신다.

택시를 태워드리면 중간에 내려 버스로 갈아타니 도리가 없다. 나중 딸자식인 내가 화를 내면 "걷는 운동도 하고 돈도 절약하니 좀 좋아" 하신다. 어머니 통장을 앞에 놓고 "이렇게 안 살아도 자식 신세 질 일 없다"고 조목조목 계산을 뽑아드린 적도 있다.

그러나 자식에게 한 푼이라도 더 남기겠다는 일념에 요지부동이시다. 입금 없이 지출만 있는 은행 통장은 왜 그리 자주 들여다보시는지.

어머니의 '아프다'는 하소연에 건성으로 대답하는 날들이 많아지는 요즘, 그분이 앞으로 나를 더 힘들게 해도 "그래도 끝까지 열심히 했다. 한결같았다"고 나 스스로에게 말할 수 있음 좋겠다.

어머니가 어디서든 훗날 나를 떠올리면서 "그래도 딸이 있어 괜찮았다. 그립다." 그런 마음이면 감히 무얼 더 바라겠는가.

그리고 내 노후를 위해서도 게으름은 작파하고 내 안의 맷집이나 열심히 키워야겠다.
재물은 타고 난 것이 아니니 이만큼 살게 한 것, 그저 감사할 뿐이다. 그래서 다만 "긴 병에 효자 없다"는 이 말, 내가 듣게 되는 말이 아니길 빈다.

돈이 뭐길래

방대한 소유물은 종종 그 주인을 소유하게 된다.

– 워런 버핏

"멋쟁이 미국 아줌마, 허 여사님……." 빛나는 순백색 은발에 빨간 재킷을 즐겨 입는 그녀가 서울 시내 특급호텔에 여장을 풀면 호텔 임직원들은 물론 청소부 아줌마들도 달려와 반가움에 손을 맞잡는다. 그녀는 올해 90세 할머니다. 주변인들은 그녀를 '할머니!' 그렇게 부르기에는 죄송하고 찜찜하단다. 활달한 몸놀림과 큰 목소리, 왕성한 식욕이 중년과 마찬가지여서다. 숏커트한 은발에 검정 터번과 선글라스를 쓴 모습은 아직도 현역인 원로 여배우 같다.

그녀는 40대에 대기업 임원이었던 남편과 미국 이민 길에 나서 갖은 고생 끝에 화훼사업으로 '아메리칸 드림'을 이룬 갑부다. 지금은 사별해 캘리포니아 바닷가 저택에 혼자 살고 있다. 그녀의 하루는 집과

정원을 가꾸고 무료하면 아이들 집에 놀러 가거나 최고급 승용차를 직접 몰고 근처 쇼핑몰에서 일 년에 두 번 서울에 나가 만날 친구들을 위한 선물을 골라 쌓아놓는다.

서울에선 특급 호텔에 한 달여 머물면서 친구들과 맛있는 음식을 섭렵하고 가끔 그들의 경비까지 부담해 가까운 일본이나 중국 이곳저곳을 여행하다 돌아가곤 한다.

내가 그분을 이렇게 묘사할 수 있는 것은 내 어머니의 70년 죽마고우이어서다. 친구들 사이에서 선망의 대상인 그분에게 자신감과 열정이 넘치는 일상의 비결을 물어보면 즉각 "Money talks!"라며 깔깔 웃으신다. 늘그막에 주위에 베풀며 살아 행복하고 그 기분이 건강과 당당함으로 이어지게 하는 것은 돈의 힘이라는 것이다.

과히 신세 지고 살지 않는 우리 오마니도 그분 앞에서는 고마움에 주눅이 들어있으니 속으로 마음이 짠할 데가 있다.

"'인생 백세시대'는 듣기만 해도 멀미난다"며 펄쩍 뛰는 사람들도 "그분 정도라면 백 세까지도 살 만하겠다"고 한마디씩 한다.

그분은 지인들에게 "노후에 돈 없으면 죽은 목숨이야. 자식 믿지 마라. 미리 다 줘서 빈털터리 돼 자식에게 의존하면 건강도, 친구도, 자식도 다 잃어버린다"며 입버릇처럼 충고한다.

내가 그분을 떠올린 것은 지난 몇 년간 내 인생의 가장 '뜨거운 시절'을 지내면서 돈의 위용을 새삼 깨닫고 있기 때문이다. 흔히 노후 3대 필수 요소로 돈, 건강, 친구를 손꼽지만 그중 강력한 힘을 발휘하는 것이 돈이라는 것을.

뇌 수술 두 번에 갖가지 병치레를 하면서 장기 입원은 물론 병원 출입이 일상화된 친정어머니를 내 집에 모셔놓고 정신없이 지내면서 '돈 없는 사람에게 노년은 곧 전쟁'이란 생각이 들어서다. 게다가 비교적 건강해 홀로 실버타운에 입소한 시어머니 역시 쇠약해져 병 수발로 양쪽을 오가다 보니 '누구든 돈 없으면 제 명을 다하기는커녕 남은 식구들도 거덜이 나겠다'는 두려움이 생긴다. 올해 아이의 혼사까지 겹쳤으니 위기감이 엄습한다.

보호자에게 최악의 경우는 정확한 병명이 잡히지 않아 여러 병원을 전전해야 하는 경우다. 어렵사리 의사와 대면해도 확진 검사 날짜 따로, 검사 결과 확인 날짜도 따로인 데다 용한 의사로 이름난 경우 면담 기다리다 환자가 돌아가실 판이다.

결국 병원마다 반복 지불해야 하는 고가의 검사비, 입원 시 필수로 며칠은 거쳐야 하는 특급호텔급 1인 병실비, 의료보험혜택이 없는 특진비도 선택의 여지없이 강제 징수당하기 일쑤다. 집안 생활비에 추가로 얹혀지는 월 2백만 원이 넘는 간병인 비용도 무겁다.

퇴원 후도 환자의 건강상태 점검을 위해 병원 문턱이 닳도록 드나들어야 한다. 투병 후 헐거워진 노인의 틀니는 임플란트 시술과 틀니를 병행해야 쓸 만하다며 의사가 권하는 것은 천만 원 이상, 정교하게 잘 들리는 보청기는 천만 원 이상이라니 양가 노부모의 연이은 투병생활은 선전포고와 같다.

내 경우 감사하게도 양쪽 어머니가 병원비를 충당하지만 그렇지 못할 경우 그만한 비용을 제 사정 돌보지 않고 선뜻 부모의 병원비로 뚝 잘라 댈 수 있는 경제력과 마음 씀씀이를 가진 자식이 과연 얼마나 될까 의구심이 든다. 일찍 돌아가신 양가 두 아버님이 베푼 '망자의 자식 사랑'을 떠올리며 감사하게 된다. 네 분이 번갈아가며 편찮으셔서 병원과 간병인 신세를 진다는 생각만으로도 아찔하고 숨 가빠지니 말이다. 자식의 부모 사랑 한계는 고작 그 모양인 걸까.

많고 적은 병원비를 낼 때마다 낼까 말까를 저울질하는 내 모습이 정말 싫지만 결국은 못 이기는 척 어머니의 지갑을 연다. 아직 거동에 문제없는 시어머니가 계시는 실버타운 내에 같이 있는 요양병원 이용비는 4인실 기준, 매달 1인당 4백만 원(보증금 5천만 원)이 가장 저렴한 것이란다.

그 정도가 아닌 곳에서도 웬만한 중산층도 허리가 휘청할 판에 당장 생활고에 시달리는 저소득층은 경제적 몰락을 막기 위해 환자를 메고 병실을 뛰쳐나오지 않을까 싶다.

'늙으면 돈 쓸데가 뭐 있겠나.' 막연하게 생각했는데 천만의 말씀이다. 얼마 전 뜻하지 않게 우리 부부까지 몸에 고장이 생겨 번갈아 수술실에 누웠더니 자칫 대책 없는 말년의 불행은 불 보듯 뻔하겠다는 절박감도 고개를 든다. 노년 의료비가 '가정 행복의 킬러'라는 말이 실감 난다.

이렇게 부모는 돌아가면서까지 자식에게 노후 준비를 게을리하지 말라는 묵시적 가르침을 주고 계신 거다. 역시, '시간과 삶은 인생 최대의 교과서'라는 말, 어김없이 맞는 말이다.

세상의 딸들, 귀여운 도둑들?

부모가 물려줄 최고의 선물은
부모 없어도 자립할 수 있도록 하는 것.

– 법륜 스님

#1.

"딸년들은 귀여운 도둑이라고? 젠장, 귀엽기는 무슨……. 어떤 때는 정말 그 이기적인 모습에 정이 뚝뚝 떨어지더라." 딸들을 시집보낸 엄마들이 심심찮게 하는 하소연이다.

딸은 출가외인이라더니 결혼하자마자 부모는 남의 식구인 양 제 가족 챙기기에만 급급하다는 것이다.

마치 친정집은 부족한 것을 채우는 곳간인 양 여긴다. 오랜만에 집에 와서는 여기저기 열어보고는 물건 점검에 들어가는 눈빛이 예사롭지 않다. 그러다 레이더망에 걸리는 물건이 있으면 "엄마, 이거 나 주면 안 돼?"라고 묻고는 대답도 하기 전에 당연한 듯 가져간단다.

그 물건이 엄마에게 어떻게 쓰이는가는 중요하지 않다. 자기 집의 필요에 닿으면 그만인 거다. 물건이야 그렇다 치자. 뭐 또 사든가 아니면 없는 대로 살 수 있으니까.

여기에 더해 딸을 시집보내고 여태 보지 못했던 딸의 모습을 보면서 서운, 섭섭해 하거나 심지어는 배신감을 호소하는 엄마들이 꽤 있다.

#2.

"엄마인 나를 그토록 질리도록 얄밉게 부려 먹더니 이제 손 떼라는 거야. 내가 신경 쓰는 게 부담스럽다네."

평소 음식 솜씨를 자랑으로 여겨온 그녀 S(57). 직장 다니는 딸이 결혼하자 반찬 걱정하는 게 안쓰러워 딸네 집을 드나들며 반찬을 해주고는 내심 매우 흐뭇해 했다.

그런데 어느 날 딸이 이제 대낮 빈집에 그만 드나들라고 하더란다. 이유를 물으니 "우리 집에 다른 식구가 드나드는 게 부담스럽다. 그리고 당장은 엄마 음식이 좋지만 최 서방이 엄마 음식 솜씨에 길들여지면 앞으로 내가 힘드니까 그만 오시라"고 했다는 거다. 딸이라는 게 결혼하면 정을 야무지게 떼고 제 살길 찾는다지만 '다른 식구' 운운하며 타인 취급하는 게 정나미가 뚝 떨어진다며 울상을 지었다.

#3.

한 여성(59)은 딸에게 용돈을 안 보낸다고 나무랐다가 무안을 당했단다.

결혼 전, 월급에서 매달 30만 원씩 자동이체를 해 줬는데 결혼 후 말도 없이 지급 정지를 시켰더란다. 그래서 "어떻게 얘기도 안 하고 이럴 수 있니?" 따졌더니 "난 출가외인이다. 그리고 이제 분가했으니 내가 밥도 안 먹지 않느냐?"고 의아한 듯 되묻더란다.

그리고 더 섭섭했던 건 "양가 부모 공평하게 해야 하는데 양쪽 다 드릴 수 없으니 아예 다 끊기로 했다"고 하더란다.

이 사람 "내용이야 맞는 구석도 있지만 말하는 투가 정나미 떨어지지 않느냐"며 "엊그제 만난 시부모와 30년을 길러준 친정부모와 어떻게 그렇게 동급으로 취급할 수가 있느냐"며 섭섭해 했다.

그러면서 "앞으로는 딸에 대한 기대감을 줄이고 동년배인 여형제에 보다 신경을 써 서로 의지하며 살겠다"고 별렀다. 그녀는 나중 외동딸에게 집이라도 물려주려 했으나 마음이 영 달라지더라고 했다. 평소 "너만 잘살면 돼"라고 입버릇처럼 말해 딸의 이기심을 부추겼던 자신이 후회스럽다고 덧붙였다.

#4.
딸만 셋을 키운 서울 압구정동의 한 친구(61)는 결혼 후 분당에서 직장 생활을 하는 딸네 집을 들렀다가 깜짝 놀랐단다. 결혼 전 딸이 출근하고 나면 온 방 안이 발 디딜 틈 없이 아수라장이 되곤 했는데 마치 방 안이 백화점 매장처럼 깨끗하게 정리 정돈이 돼 있더라는 것.

나중에 물어보니 "당연하지. 이건 내 집인데……" 하더란다.
그럼 "부모 집은 '남의 집'이라 그렇게 어지럽히고 손 하나 까딱 안 했나" 하는 생각에 슬며시 화가 치밀더란다.

#5.
또 한 엄마(59)는 유치원생 꼬마를 둔 딸내미가 교사에게 선물하려고 만든 도시락을 보고는 뒤로 나자빠질 뻔했단다. 정말 맛깔스러운 반찬을 만들고 예쁜 포장을 한 것이 자신이 평소 딸에게 해주었던 그대로였다는 것이다.

평소 딸은 전혀 그런 것을 못하는 사람으로 돼 있었고 직장생활만 하니 당연한 줄 알았단다. 그러고는 "엄마인 내가 아플 때는 고작 김밥이나 죽 같은 거만 배달시켜 주더니……. 딸이라는 게 어떻게 제 새끼만 챙길 줄 아느냐"며 어이없어했다.

게다가 이에 대한 딸의 반응이 더 가관이란다. "엄마, 나한테 연연해하지 마세요. 나한테 실망하는 거 부담되거든. 내가 그냥 말없이 잘 사는 걸 효도라고 생각하세요"라고 일침을 놓더란다.

이 소리를 들으면서 가출한 엄마에 대한 원망을 털어놓은 한 여성의 얘기가 떠올랐다. 직장 다니는 딸의 가정을 '가정부처럼' 16년간 돌봐주다 무심한 딸의 태도가 섭섭해 어느 날 연락을 끊자 엄마가 돌아오길 촉구하며 라디오 방송에서 전화로 한 얘기다.

"나를 그렇게 길들여놓고 이제 와서 무책임하게 얘기도 없이 가버리면 어떻게 살라는 거냐"였다. 그녀는 엄마가 방송을 듣고 돌아오길 바란다면서도 엄마가 어디서 어떻게 지내실지에 대한 걱정은 아예 없는 듯했고 원망만이 무성했다.

이날 방송에 출연한 상담사는 "엄마가 딸의 의존감을 너무 키워놓은 게 잘못이다. 이제 고마워하기는커녕 당연시돼 버렸고 오히려 원망을 키웠다"며 유사한 경우의 엄마들에게 '주의하라'고 경고했다.

이 상담사는 "자식을 위한다는 엄마의 헌신도 정도가 지나치면 집착과 원망을 낳아 서로 상처를 받게 된다"며 "이제 내 자식이 아니라 어엿한 독립된 개체로 분리시켜 제 삶을 혼자서 헤쳐나가게 하는 게 모녀 모두에게 바람직한 일"이라고 조언했다.

한 템포 앞서가는 듯 보이는 일본에서도 모녀관계는 우리와 비슷한 듯하다.

『나는 착한 딸을 그만두기로 했다』 책의 공동저자이며 심리상담사인 노부타 사요코 씨는 "요즘에는 더 이상 적용하기 어려운 과거의 경

힘을 강조하며 끊임없이 간섭하는 부모는 자식이 자신의 테두리 안에서 벗어나 도망치려는 현실을 받아들이고 싶지 않아 갈등을 만든다"고 지적하며 모녀간에도 적당한 거리와 독립적인 자세가 필수라고 강조한다.

그래, 말은 항상 하기 쉬운 거다. 가족학개론에도 그렇게 쓰여있더라. 늘 실천이 안 돼 문제인 거지. 하지만 모녀간도 예전 같지 않다. 엄마 쪽에서 먼저 고치지 않을 경우 언제 가차 없이 '결별'을 당할지 모르는 일이다.

백세시대, 어머니 재혼하세요

> 함께 있으되 거리를 두라. 서로 사랑하되
> 사랑으로 구속하지는 마라.
>
> - 칼릴 지브란

매일 매일을 옛날얘기, 지나간 세월의 회상으로 보내시는 어머니를 대하면서 "또 시작이시네" 하며 건성으로 대답하고 전혀 다른 주제로 어머니 말씀을 뒤덮어버리는 고약한 짓을 수시로 하곤 했다.

그러다 어느 날 어머니의 지난 세월과 나이를 조합해 역산해보았다. 나는 내 아버지가 20년 전 돌아가셨다는 팩트(Fact)는 당연히 알았지만 내 어머니의 남편이 그녀 나이 67세에 돌아가셨다는 생각은 하지 못했었다.

67세라니……. 과부가 되기에는 얼마나 젊은 나이인가. 그때 사진 속의 어머니는 지금의 나와 비슷한 모습을 하고 있었지만 나는 그저 아버지가 74세의 좀 이른 나이에 세상을 떠나셨다는 생각만 하고 있었다. 어머니와는 별개의 사건인 양. 말장난 같지만 엄마 입장에 맞추고 사안을 들여다보니 다가오는 느낌은 전혀 달랐다.

그러면서 남편과 사별한 내 주변 친구들이 "재혼을 권하는 자식들의 저의가 수상(?)하다"는 얘기를 떠올렸다. 그들 의문의 타당성에 함께 맞장구를 치곤 했지만 정작 독거노인으로 20년을 지낸 어머니의 감정과 입장은 안중에도 없었다. '세월이 가면 누구나 그럴 수 있는 거니까……' 하는 무관심이 아무 배려도 없게 만들었다.

사별했던 당시의 어머니 나이와 엇비슷해진 지금에서야 안타까움이 밀려온다. 너무 늦어 만회할 시간도, 기회도 없는 이 시점에…….

새삼 '어머니의 재혼'이 머리에 머문 것은 남편과 50대 말에 사별해 7년간 딸네와 함께 살고 있는 한 친구 덕분이었다. 그녀는 "딸이 자꾸 재혼을 부추긴다"고 했다.

"말인즉슨 인생 백세시대에 '엄마가 혼자서 외로울까 봐'라지만 속으로는 자식들이 보호자로서의 경제적·정신적 부담을 덜기 위해 그런다는 걸 내가 왜 모르겠냐"며 씁쓸해했다.

그녀는 "이 나이 들어 또 남의 남자 시중들 필요가 있겠느냐"며 싫다 했지만 딸들의 성화에 민망한 맞선 자리에 세 번이나 나갔다며 우울해했다.

모임의 친구들은 맞장구쳤다. 부모의 재혼에 관한 한 주위 자식들의 태도에 공통점이 발견된다며, 재산이 많아 유산이 분산될 것을 우려하는 자식들만큼은 부모 재혼에 적극 반대한다는 것이다. 물론 홀로 사는 외로움이나 경제적 부담도 덜어진다면 상대가 맘에 들 경우 굳이 재혼을 마다할 이유가 없겠지만 자식들의 재혼 종용이 서운한 건 어쩔 수 없다고 입을 모았다.

그 소리를 들으면서 한 여성의 용감한 재혼 스토리에 박수를 보냈던 기억이 불현듯 스쳐 갔다. 업무차 이전에 알고 지내던 정치인 출신 여성 변호사와 오랜만에 만날 기회가 있었다. 자연스레 얘기는 지난 세월로 이어졌다.

장관과 국회의원도 지낸 그녀가 무용담처럼 자신의 재혼에 대해 얘기할 때 나는 감탄사 연발로 호응했다. 자신의 행복을 위해 누구 눈치 보지 않고 밀고 나간 그 여성의 저돌적 용기가 부럽기도 했다.

평소 자신이 존경하고 좋아했던 한 남성이 배우자와 사별했다는 부고가 신문에 실리자 얼마 후 찾아가 자신과 재혼해줄 것을 요청했다는 것이다. 세상이 다 아는 유명 인사들이라 아주 조심스러웠을 텐데도 '내 행복은 내가!' 만든다는 각오로 청혼을 했다니, 그 배짱에 감탄사가 절로 나왔다.

남편과 사별 후 손자를 돌보며 혼자 살아가기엔 너무 젊은 내 어머니께 딸자식만이라도 기회를 드렸어야 했다. 더 늦기 전에 시도해보시라고. 퇴직한 내 직장 상사들, 교회 지인들과의 미팅 자리라도 찾아보는 노력을 해야 했다. 남편의 사랑을 잃은 지 오래인, 아니 애당초 그런 것과는 무관한 50년 각고의 긴 세월을 만회할 수 있는 절호의 기회를 딸자식인 나라도 신경 써 드렸어야 했다. 그게 힘들게 자식을 키워 온 어머니에 대한 최소한의 예의며 사랑인 것을. 후회가 밀려온다.

재혼 자체가 중요한 게 아니다. 제 '에미'의 외로움을 인지해 그거나마 신경 쓰지 못했다는 데 대한 어리석은 '새끼'의 죄책감인 것이다.

나 자신은 사별 후 재혼에 찬성하지 않는 편이다. 이왕 한 결혼의 경우 잘 마무리하자는 게 솔직한 심정이다. 재혼은 노땡큐다. 남자들이라는 동물, 너무 달라 피곤하니까. 가정에서는 얼마나 비효율, 무감각의 동물인가.

『남자란 무엇인가?』(안경환 제)에서 저자가 남녀의 아주 다른 뇌의 작동이 흔히 말하는 '화성에서 온 남자, 금성에서 온 여자'를 만든다는 얘기를 했듯이.

그는 "논리로 행동하는 남자와 감각으로 행동하는 여자, 말을 해야 인식하는 남자와 느낌으로 알아주길 바라는 여자, 결론을 중시하는 남자와 과정이 더 중요한 여자……." 때문에 두 존재의 차이가 너무도 크다고 장담했다.

나 역시 그런 깊고 깊은 차이를 메우기 위해 고심하며 허비한 길고 긴 세월, 한 번이면 족하다는 생각을 하고 있다. 그러나 내 어머니께는 말이라도 한번 따뜻하게 건네, 그녀가 겪은 각고의 세월을 딸자식이라도 알고 있다는 위안을 드렸어야 했다.

설사 어머니가 '결혼에 신물이 난다'고 고개를 절레절레 흔들지라도.

I. 세상의 어머니, 세상의 딸들

초로의 남편과 나는 은퇴 후 남겨진 세월을 손꼽으며 '버킷리스트' 달성에 관심을 쏟는다. 때때로 식탁의 주된 주제가 되기도 한다. 그간 생업에 묶여 하지 못했던 일들을 차례로 달성하자는 다짐으로. 그 곁에서 우리 부부와 뒤늦게 동거에 합류한 옆방의 '독거노인', 내 어머니는 가만히 수저만 뜨고 계신다.

내 가슴의 외로움과 번민만 대단했지, 제 어머니의 것은 아주 사소한 것으로 여겨 어찌 그리 소홀히 했는지 그 용렬한 행동이 안타깝다. 나이가 드니 함께 늙어가는 남편이 '평생 친구'라는 말을 실감하면서.
그래서 "속절없이 늙어가는 저 사람 건강하게 오래 살려놓아야 하는데……" 하는 측은지심으로 영양제 하나라도 챙겨 먹이면서……. 미운 정이 잔뜩 든 평생의 친구를 오래전에 잃은 어머니의 외로움에는 인색하기 그지없는 것이다.

나는 자식을 위해 온몸이 찢기고 닳은 채 전 인생의 항해를 마치고 어느새 돌아온 엄마 연어를 무방비 상태로 무감각하게 바라보고 있다.
"엄마, 수고하셨어요. 이제 항해는 끝나가요. 조금만 참으세요." 이제 별도리 없다는 듯 그렇게 중얼거리면서. 남루한 몸으로 삶의 마지막을 던져버리는 연어의 희생이 당연한 듯이.
온 인류가 밟아온 '내리사랑'은 원래 그런 것이고 유전하는 인생의 순리에는 별도리가 없는 거라며.

시어머니의 유산

자식이 하늘로부터 받은
가장 훌륭한 선물은 어머니이다.

- 에우리 피레스

#1.

"여보, 이 여자 당신 애인이었나 보네?"

혼자 사시는 시어머님이 경기도 용인에 있는 한 실버타운으로 거처를 옮기시면서 아들 형제 부부들 앞에 쏟아놓은 수백 장의 빛바랜 사진들. 수십 년간 갖고 있던 사진들을 정리, 처분하면서 발견한 한 장의 사진 속에는 대학원 졸업가운을 입은 내 남편과 시부모 옆에 꽃다발을 든 채 마치 부부인 양 서 있는 한 여자가 눈에 들어왔다. 정황상 둘이 결혼을 약속한 사이임이 한눈에 느껴졌다.

"애인은 무슨" 하며 순간 남편은 더듬거린다.

"그래, 네 남편 애인이었단다. 근데 첫사랑 없는 사람이 어디 있니?"

시어머님이 끼어드셨다. "그래요? 으응, 미인이었네. 당신 이 친구랑 결혼했음 우리 모두의 인생이 달라졌을 텐데……."

그러면서 우리는 모두 남의 일인 듯 웃어넘겼다. 한 보따리의 사진을 갖고 집으로 돌아오면서 내 마음에 무겁게 자리한 것은 남편이 나와 결혼하기 바로 전까지 다른 여자를 죽자 살자 사랑했던 사실을 확인한 것이 아니었다.

그보다는 주마등처럼 스쳐 간 세월의 무상함이었다. 잊고 살았던 지난 세월이 파노라마처럼 펼쳐졌다. 이제 모든 게 버겁다는 팔십 중반에 들어선 시어머니가 그동안 품고 살았던 과거의 시간들과 결별하고 누구에게나 평등하다는 시간 앞에 모든 것을 내려놓겠다는 그런 의식(儀式)을 치르는 느낌이 들었다. 유전하는 인생 순환의 바통을 자식에게 넘겨주시겠다는.

시어머니의 '과거 보따리' 속에는 어머니의 자랑이었다는 두 아들의 초등학교 성적표에서부터 국내 최고의 학교였던 K 중고교의 수험표, 그리고 꽃다운 청춘의 시부모님과 함께한 내 남편의 유년 시절, 고교, 청년 시절의 모습이 들어있었다. 오랜 시간이 흘러 빛바랜 사진인데도 결코 촌스럽지 않은 유복한 환경 속에서 남편이 부모님의 사랑을 흠뻑 받으며 성장한 역사를 거기서 느낄 수 있었다. 한 집안의 행복과 화기애애함이 오롯이 사진으로 전해져왔다.

어머니는 50년대 이북에서 혈혈단신 넘어와 60년을 함께 살아온 아버님이 돌아가실 때 평소의 그 단단했던 이성을 잃고 바닥에 누워 통곡을 하셨다. 남편이 그 정도 병석에 누워 질릴 정도로 힘들게 했으면 담담할 만도 한데 남 보기 민망할 정도로 슬픔에 발버둥을 치셨다. 10여 년을 병원만 왔다 갔다 하신 아버님을 붙잡고 "당신이 암만 누워 있어도 목숨만 붙어있으면 돼……" 하고 애원하시다시피 했다.

마지막 1년 반은 거주지인 일산에서 아버지가 입원하신 서울 일원동 대학병원까지 매일 오전 오후 두 번씩 택시로 출퇴근을 하셨다. 보호자가 없으면 간병인이 소홀해 욕창에 걸린다는 것이었다. 그 덕분인지 아버님은 그 오랜 투병에도 아주 깨끗하셨다.

매일 머리 빗질과 면도를 시킨 후 스킨로션을 발라드렸다. 병원 사람들은 그런 어머니를 기쁘게 하기 위해 "할아버님이 정말 미남이세요"를 인사처럼 해댔다.

#2.
그토록 사랑했던 남편을 떠나보낸 후 혼자되신 어머니는 아버지와 함께 살던 그 집을 떠나시지 못했다. 아버님의 유품 역시 어머니 곁을 지켰다. 이제 혼자서 생활이 불편해지자 결국 식사는 물론 청소까지 해준다는 실버타운 N 카운티로 떠나시는 것이다.

아버님의 옷가지, 손목시계, 안경 등을 정리하면서 우리 모두는 놀라움을 금치 못했다. 장롱 속에서 수십 벌의 잠옷과 새것 같은 외출복들이 쏟아져 나왔던 것이다.

어머니는 10여 년 동안 병원 갈 때 외에는 외출을 못하는 남편이 소파에 앉아 잠옷 바람으로 TV를 보며 소일하자, 기분 전환용으로 매일 다른 잠옷을 갈아입히셨다는 것이다.

한 달에 한두 번 병원 가실 때 입었던 수십 벌의 고급 점퍼와 양복들, 명품 금장시계 역시 남에게 노인 환자로 홀대받는 것을 피하기 위함이었다는 것이다. 방마다 공기정화기를 설치하고 가끔 멀쩡한 가구들을 바꾼 것도 다 방 안에서만 계시는 아버지를 위한 것이었단다.

그러고 보니 어머니는 아픈 아버지의 어떤 짜증도 웃으면서 받으셨고 힘들다며 한숨 한번 쉬지 않으셨다. 그리고 항상 매사에 긍정적으로 소녀처럼 웃으셨다. 어떤 때는 어떻게 하면 한 사람을 저리도 뜨겁게 60년을 사랑할 수 있을까 감탄스러웠다.

그런 무조건적인 사랑과 헌신의 어머니를 보고 자란 두 아들은 아내들의 불평을 이해하지 못하겠다는 표정을 해 가끔 아내들의 원성을 샀다. 일생 맞벌이를 해 온 나는 특히 "무조건적 헌신은 삶의 목적을 타인에 두는 지나친 집착일뿐"이라며 그분의 사랑을 폄훼 했다.

아버지와 함께했던 장롱도 식탁도 소파도 의료 및 운동 기구도 모두 처분하고 단출하게 의류와 화장대만 가지고 떠나시는 어머니는 정들었던 물건들과 헤어지는 것에 유난히 아쉬움을 보이셨다.

아버님의 손때가 묻고 아직도 멀쩡한 그 물건들에 폐기 처분 딱지가 붙어 실려 나가는 것이 싫다며 가까운 사람들이 써 주기를 바라 짐 정리를 하는 데 오랜 시간이 걸렸다.

지금 과거를 놓아버리고 무망(?)의 날들을 낯선 곳에서 지내려고 떠나는 그분의 기분은 어떠하실까…….

#3.
어머니는 짐을 빼내 휑해진 실내를 둘러보며 한마디 하셨다.
"난 너희 아버지께 감사한다. 내가 자식 신세 안 지고 괜찮은 곳으로 가서 여생을 마칠 수 있게 해줘서. 아버지가 그립네. 난 하루도 빠지지 않고 돌아가신 아버지의 영혼을 위해 기도한단다. 자식은 바람막이일 뿐이니 너희도 노후대책 열심히 세우렴."

눈물이 그렁그렁한 어머니의 표정은 "아무리 당신 돈이지만 그런 비싼 곳에서 과소비를 하는 것은 옳지 않다"고 남편에게 한 내 불평이 감사로 바뀌어야 한다는 것을 일깨워준다. 또 "힘들게 버신 당신의 돈을 쓰겠다는데 무슨 생각에 그런 말을 하는 건가?" 나 스스로에게 반문하게 한다.

그리고 평생 한 사람도 제대로 사랑하지 못한 나 같은 필부, 어머니의 사랑을 배우리라는 다짐을 하게 된다. 그래서 빛바랜 사진 속에서 행복한 웃음을 짓고 있는 그 귀여운 꼬마를 사랑하련다. 자신의 전 인생을 맡기겠다며 지금은 내게로 와 머리 희끗희끗한 초로의 중년이 돼 버린 고단한 그를 제대로 사랑하리라. 남편의 첫사랑 얘기에 어쭙잖은 질투도 해 가장과 남자로서의 그 사람 자존감을 높이리라.

"어머닌 성공하셨어요. 아버님을 그토록 오랫동안 사랑하고 사랑받은 거 그게 성공한 인생이 아니고 뭐겠어요? 그리고 어머니는 자식들 마음속에 사랑의 씨를 심으셨잖아요."

그래, 이제 어머니와 함께한 지난 세월, 상실한 게 아니고 확보한 것으로 만들리라. 아무리 힘든 고부간일지라도 그 사이에 사랑이 싹트면 함께 보냈던 모든 시간을 살려내는 것이고 그렇지 않으면 지난 시간들이 죽어 과거 속에 묻혀 사라지는 것이 아니런가.

생전 어머니의 식사는 물론 생신상조차 차려 본 적이 없는 고약한 며느리, 우선 다가오는 생신에는 잔뜩 음식을 장만해 그곳의 이웃들께 음식을 대접하리라. 참으로 이기적인 자식들에 대한 무조건적인 헌신도 이제 그만 접으시고 낯설지만 자연이 아름다운 그곳에서 새로운 친구들과 따뜻한 우애의 싹을 틔우시길 간구하면서.

올해 유료 실버타운 경력 5년 차인 어머니는 남편과 사별한 후 계속되는 불면증과 우울증을 치료하기 위해 여전히 병원을 드나들고 계신다.

며느리인 나는 남편이 제 어머니로부터 일생을 통해 배웠으니 늘그막에 그런 배우자 사랑을 실천하지 않을까 하는 기대를 어느덧 마음 한편 구석에 하고 있다. 꿈도 야무진 걸까?

헤어지는 아들에게 보내는 엄마 편지

나는 어머니의 기도를 기억한다.
그 기도는 항상 나를 따라 다녔고 평생 나와 함께 했다.

— 에이브러햄 링컨

사랑하는 아들아!

나는 오늘도 네 책상에 꽃을 놓는다. 넌 알까. 아름다운 이 꽃의 이름을. 싱그런 푸른 잎 사이로 앙증스런 빨간 열매를 달고 있는 그리고 그 위로 별 같은 흰색 꽃이 따로 동시에 피어있는 이 꽃. 보기만 해도 행복감이 솟는 천냥금이 피곤에 지친 너를 반기게 할 거다. 집 앞 꽃집을 지나며 늘 너를 생각한다. 네게 아름다움을 선사해야지 하고.

때로는 네가 의아하게 여길 정도로 네 책상에 항상 꽃이 빠지지 않게 하는 것. 그건 네가 꽃을 통해 생명의 아름다움과 신비함 그리고 존귀함을 깨닫게 되길 바라서란 걸 넌 알까.

네가 내 곁에 머물기 시작한 몇 해 전부터 나는 네 책상에 기도하는 마음으로 장미도 프리지어도 국화도 꽂아놓고 네가 그 이름을 불러주길 바랐지.

꽃을 느끼지 못하는 가슴을 가진 아이, 꽃의 이름조차 무관심한 메마른 아이가 과연 누군가를 사랑하고 사랑받을 수 있을까, 어느 날 덜컥 겁이 나서다. 모든 감사와 사랑, 설렘이 신이 주신 자연의 아름다움과 섭리를 깨달으며 온다는 것, 그래서 그 자연의 일부이면서 세상 모든 아름다움의 응축물인 꽃을 항상 네 곁에 두고 싶었다.

이제 네가 내 곁을 떠날 시간이 임박했다. 고개를 가누지도 못하던 그 작은 아기가 이제 한 가정의 가장이 되겠다고 둥지를 떠나 비상하는 날갯짓에 힘찬 박수와 축하를 보낸다.

그날을 앞두고 엄마는 너와 보다 많은 시간을 함께 할 걸, 네게 보다 친절할 걸, 보다 칭찬할 걸……. 그야말로 '~할 걸' 일색인 마음이다.

항상 뒤늦은 후회로 점철되는 것이 인생인 모양이다. 특히 한 사람의 전 인격이 형성되는 유년기, 고민과 외로움이 많았을 사춘기 그 중 차대한 시기에 15년을 너와 떨어져 살았던 엄마의 무지몽매함을 용서해라.

아들아, 너는 엄마가 이 세상에서 가장 미안해하는 사람이다. 목숨이 위태로웠던 지독한 산고 끝에 어느 날 내게 찾아온 너라는 존재가 얼마나 소중한지, 그 소중한 생명을 어떻게 대접해야 하는지 참으로 몰랐다.

멀리 낯선 땅에서 태어나 엄마 아빠의 얼굴을 채 익히기도 전에 할머니 손에 들려져 그렇게 떠난 너. 향기로운 아가 냄새를 퐁퐁 풍기며 솜사탕처럼 부드러웠던 네 어린 살갗을 강제로 밀쳐낸 후 엄마는 네가 고개를 힘들게 곧추세우기 시작하는 것도, 옹알이를 하는 것도, 슬슬 기면서 뒤집기를 하는 것도, 드디어 일어서서 걸음마를 하는 모습도 아무 생각 없이 다 그냥 지나쳤다. 그게 얼마나 숭고하고 위대한 일인가를 정말 몰랐다. 정말 미안하다.

때론 네가 내게 '엄마'라는 이름을 부여한 것을 얼마나 못 견뎌 했는지. 가뜩이나 혼란스러웠던 내게 미래에 대한 불확실성, 불안감을 더 증폭시킨 작은 생명이 나는 때론 무서웠단다. '엄마'라는 이름이 얼마나 버겁고 무책임하게 느껴졌는지 그에 대한 죄책감도 나를 찾아왔다. 새 생명의 탄생을 마냥 기뻐하지 못하는 내가 비애스러웠으니 네게 무조건의 무한량의 큰 사랑을 주지 못했던 것 같다.

내가 새삼 새삼 네게 할 말은 '미안하다' 그 말의 수십 번, 아니 수천 번 반복이다. 아무 힘도 없이 발가벗겨져 어느 한순간 이 세상에 던져진 어린 생명이 얼마나 무서웠을까, 그 절대 고독의 순간에 너를 큰 사랑으로 감싸주지 못한 게 얼마나 큰 죄와 벌인지.

흔히 생명은 3세 이전에 전 인격이 형성된다고 하더라. 거기에 첫 대면자, 즉 첫사랑인 어머니와의 관계가 향후 세상을 바라보는 태도를 형성한다는 것, 그래서 그 사람의 향후 행복과 불행에 결정적인 역할을 한다는 것을 그때는 전혀 몰랐다.

다만 세상의 비루한 일들에 얽매이면서 그땐 그게 가장 중요하고 최선이며 다른 것은 나중에 보상하면 된다고 생각했다. 그러나 세월이 훌쩍 흐른 후 깨달았다. 나중에 보상할 수 있는 것과 없는 것이 따로 존재한다는 것을. 때는 이미 늦었지만.

너 여섯 살 때인가. 몇 년 만에 만난 넌 낯선 엄마를 보자 할머니 치마 뒤에 숨어버렸지. 그래도 피는 정말 물보다 진한 모양이다. 엄마라는 존재가 얼마나 그리웠는지 조금 후 어색한 웃음으로 먼저 다가와 정신없이 말을 걸었지. 할 말이 궁하자 TV의 권투 중계를 흉내 내며 좀 친해져 보려고 얼마나 애쓰던지. 너를 태우고 운전하는 아빠에겐 "아이구, 운전수 아저씨, 수고가 많으시네요" 하더라. 아마 평소 너를 택시에 태워 병원을 드나들던 할머니가 운전기사에게 한 말, 그게 상대를 기분 좋게 하는 말이라는 걸 깨우치고 그대로 흉내를 냈었지. 우린 그런 네가 너무 안쓰러워 그만 울어버렸던 기억이 난다.

I. 세상의 어머니, 세상의 딸들

그런 헤어짐은 다시 이어졌다. 이 세상 모든 것이 고민으로 다가올 수 있는 너의 사춘기, 이번에는 엄마가 서울에 남고 너를 떠나보냈다. 영어 한마디 못하는 너를 미국인 가디언 아줌마에게 맡기고, 그리고 또다시 8년, 우리는 네 인생의 절반을 따로 떨어져 산 셈이다.

그 긴 시간 동안 엄마는 너를 잊고 산 날이 많았다. 전화도 편지도 바쁘다는 핑계로 거의 하지 않았다. 네가 얼마나 외로워할지, 네가 혹 예쁜 소녀를 놓고 사랑에 깊은 고민과 방황을 하고 있을지도 모르는데 그런 널 잊고 살았으니 그 미안함을 어떻게 갚을지 모르겠다. 그땐 철없는 이기심과 어리석음에 하늘이 부여한 엄마라는 역할이 얼마나 숭고하고 영광되며 감사한 것임을 알지 못했다.

그런 세월이 지금 네 가슴 어딘가에 상처로 남아있을지도 모른다고 생각하면 등줄기가 서늘해 온다. 아들아, 고맙다. 바르게 잘 자라줘서. 너는 심지가 깊고 과묵하고 착하다. 도통 화난다, 힘들다, 외롭다 그런 말을 모르는 아이, 누구 탓을 하는 걸 본 적 없는 나는 가끔 네게 얼마나 부족한 사람인가를 깨우치게 된다.

몇 년 전 네가 서울에 직장을 잡고 내 집으로 들어왔을 때 우리는 물과 기름처럼 겉돌았다. 우리는 마치 하숙집 아줌마와 하숙생 같았다. 서로 살을 부비고 복닥이고 살아야 비로소 가족이 된다는 사실을 깨닫게 됐다.

그러면서 엄마는 다짐했다. 새벽같이 일어나 고마움과 미안함을 담아 네게 따뜻한 아침밥을 먹임으로써 네 마음에 사랑을 심겠다고. 그리고 증권가에서 삭막한 하루를 보내는 너를 위해 늘 꽃 한 송이를 건네겠다고.

그리고 네 가슴을 적실 멋진 글들을 스크랩해 네 책상에 놓아두고 네게 용기와 지혜를 전할 책을 정성스레 골라 놓아두는 일들을 하겠다고. 네게 엄마라는 존재, 그런 따뜻한 존재가 있다는 것을 그렇게나마 알리고 싶었다.

하나뿐인 나의 아들아, 외롭게 멀리서 혼자 자란 네가 마음 터놓고 희로애락을 함께 할 친구들을 많이 갖기를 진심으로 기원한다. 그게 얼마나 삶을 윤택하게 하는지, 사람의 마음을 얻는 일이 얼마나 힘들고 가치 있는 일인지 네가 깨달아주었으면 한다. 부디 "너의 행복은 다른 사람을 행복하게 하는 데 있다"는 금언을 잊지 말아라.

열심히 칭찬하고 열심히 사랑하렴. 네 아내나 타인의 허물에 관대한 사람이 정말 멋진 사람이라는 것을 잊지 않기 바란다. 또 함께 직장생활을 하는 네 아내를 열심히 돕기 바란다. 전 인생을 함께 걸어갈 그녀가 결혼이 구속이나 번잡함이 아니라 얼마나 큰 기쁨이며 위안인가를 깨닫게 하렴.

또 네가 손에 쥔 재물을 성공의 척도로 삼지 않기를 바란다. 자신이 좋아하는 일을 하고 사는 것, 이웃과 더불어 진정한 기쁨과 슬픔을 공유하는 것이 진정으로 성공한 인생이라고, 인생의 선배로서 감히 말하련다.

그리고 일희일비하지 마라. 인생은 긴 마라톤이다. 어느 구간에서 뒤처졌다고, 어느 시간 누군가 네게 손해를 끼쳤다고 성급히 좌절하거나 판단하지 말렴. 인간지사 새옹지마라는 말도 있더라. 주변의 상황과 사람이 어찌 됐든 너의 중심축을 세워놓고 그에 합당한 사고와 행동을 하길 바란다. 또 어려움에 부닥칠 때 "신은 우리에게 견딜 수 있는 만큼의 고통만 준다"는 말을 기억하면서 쉬운 길, 옳지 않은 길을 탐하지 말고 긍지 있는 삶을 살기 바란다.

혹 네 손이 비어 절망할 때 "어려운 때는 사는 것만으로도 훌륭한 투쟁이 된다. 가난을 통한 배움으로 언젠가 이 어둠 때문에 더욱 빛나게 되는 자신을 그리도록 하라"는 한 선인의 말을 되새기기 바란다.

그래서 엄마는 언제나 주문처럼 외우는 어느 현인의 말을 빌려 이렇게 기도하고 싶다.
"오! 주여! 약할 때 자기 자신을 잘 분별할 수 있는 강한 힘과 무서울 때 자신을 잃지 않을 담대성을 가지고, 정직한 패배에 부끄러워하지 않고 태연하며, 승리에 겸손하고 온유한 아들을 나에게 주시옵소서. 그리하여 참으로 위대한 것은 소박함에 있다는 것을 항상 명심토록 하소서."

이제 너를 사랑하는 사람들 앞에서 푸른 창공을 향해 솟아오르는 네 힘찬 날갯짓을 보여주는 날이 다가왔다. 이제 훨훨 날아 한 여자의 남편으로 우뚝 서거라. 네가 멋진 가정을 꾸미는 일, 내 인생 최고의 축복이며 바람이 아니겠니.

항상 거기 그렇게 있으면서 언제나 마르지 않는 맑은 샘물로 나의 가슴을 적셔준 것, 내게 설레며 사랑할 수 있는 대상이 되어준 것 감사한다. 이 엄마도 새 식구를 받아들이면서 보다 성숙한 사람으로 거듭나도록 노력하마. 우리 모두 멀리 높게 날아보자.

[이 글은 2017년 졸저, 『내 사랑 웬수, 결혼이 뭐길래』에서 옮긴 글입니다.]

내 무기력증, 다 엄마 때문이야
제발, 나 좀 내버려둬 - 금지는 이제 그만
사랑과 거부의 언어, 그 위력
엄마와의 세 살 기억, 일생을 간다
부부 사랑, 아이에겐 최고의 선물
유년기 엄마 사랑, 감정 조절 능력의 열쇠
분노는 낮은 자존감의 표출
내 상처, 다 털어놓고 싶다
불행도 대물림 - 나도 행복할 수 있나요?
결혼은 미친 짓 - 이혼이 어때서?
자아존중감 UP↑, 관계 성공률도 UP↑
엄마, 어머니적인 것에 대한 갈망
어머니 콤플렉스 - 긍정의 힘이 되게 하라

II.

다 엄마 때문이야
- 어머니 콤플렉스

내 무기력증, 다 엄마 때문이야

> 온갖 실패와 불행에도 인생의 신뢰를 잃지 않는 낙천가는
> 대개 훌륭한 어머니 품에서 자란 사람들이다.
>
> – A. 모로아

"또 늦게 들어온다고? 안 돼 오늘은!"

경고성이 강한 이런 표현은 결혼 10년 차 직장인 김근아 씨(38·가명)의 뇌관을 건드리는 말이다. 대기업 과장급 의류 디자이너인 그는 회식이다, 아이디어 회의다 해서 한 달에 몇 번은 늦는 편이다.

출근하는 그의 등 뒤에 대고 남편이 이 말을 던지는 순간, 그녀는 그냥 방바닥에 주저앉아 어린아이처럼 발버둥을 친다. 마치 그녀의 뇌에 붙어있는 '발작 스위치'라도 누가 누른 듯 순식간에 발작적으로 반응하는 것이다.

"그만해, 뭐가 안 된다는 거야" 하고 냅다 소리를 지르며 별안간 이성을 잃고 달라지는 그녀를 보고 남편은 물론 아이, 다른 식구들도 어안이 벙벙해지는 모습을 보인다. 그녀 역시 그 순간을 벗어나면 멋쩍은 듯 서둘러 나가버린다.

"안 된다고 경고하는 소리, 밤늦게 들어오지 말라고 명령하는 소리는 마치 쇠붙이를 돌로 마구 긁어대는 소리처럼 자지러지게 듣기 싫어요. 내가 어릴 적부터 지겹도록 들어온 소리고 그를 어겼을 때는 가차없이 응징이 가해졌기 때문일 거예요. 그 말에 소름이 돋는데 나도 어쩔 수 없어요."

그녀는 자신의 그런 이상 반응이 결혼 이전 그녀의 청소년기에 보여준 엄마, 아빠의 불화가 그 원인이라고 지목했다. 그리고 자신이 그 불화의 가장 심각한 피해자였으며 자신의 그런 발작적 반응이 그 피해자가 받은 상처에 대한 울부짖음이라며 벌겋게 달아오른 얼굴로 얘기했다.

불화의 씨앗은 그녀 어머니의 결혼 전 연애 경험이 문제였다는 것. 결혼 후 이를 의심, 질투한 아버지가 사사건건 집요하게 그 문제로 어머니를 괴롭히면서 집안은 늘 편안할 날이 없었다는 것. 그로 인해 엄마와 세 자녀는 결혼 전까지 늦은 귀가나 여행 등이 금지돼 있었고 학교 MT 등을 위한 공식적인 외박도 전혀 허락하지 않았다는 것이다.

심지어 대학을 졸업하고 직장에 다녀도 일주일에 단 한 번만 좀 늦은 저녁 9시까지 귀가가 허용됐고 나머지는 무슨 일이 있어도 회사 퇴근 시간이 끝나면 모두 들어와 있어야 온 집안이 평안했다는 것이다.

엄마와 세 자녀 중 누군가 늦으면 연대 책임을 져야 해서 모두 야단을 맞거나 구타를 당하는 일이 심심찮게 벌어졌다는 것이다. 엄마 역시 집안의 분란을 피하기 위해 늘 입에 달고 사는 말이 "안 돼! 늦게 들어오지 마라"였다는 것이다.

식탁에 마주 앉으면 아빠나 엄마가 세 딸에게 늦게 들어오지 말라며 식사 내내 잔소리를 퍼붓고 대학에 다닐 때도 학교 시간표를 제출해야 했다. 또 만약의 경우 행방을 수소문하기 위해 친구들의 전화번호는 물론 학교나 직장의 공식적인 행사 일정표를 제출하는 게 의무였다는 것이다. 수업이 끝난 시간과 집에 돌아온 시간과의 빈 시간에는 어디에 있었노라고 늘 보고해야 했다.

이유는 오로지 여자가 늦게 들어올 경우 사고가 생긴다는 거였다. 늦게 내돌릴 경우 남자와 어울리게 되고 그 귀결은 뻔하다는 거였다. 자신들이 겪은 일생의 불화를 미연에 방지하겠다는 '속 깊은 배려'였다.

김 씨는 "그러니 만사가 귀찮아지더라"고 했다. 그 험난한 난관을 뚫고 시시콜콜 보고까지 해가면서, 사전 허락을 받고 무언가 한다는 것이 시작 전부터 맥 빠져 아예 묻지도 않고 포기하는 경우가 많았다고 했다. 뭔가 일을 도모하면 마치 늦게 오려고 변명거리를 만들기 위한 하나의 거짓말이라고 여기는 게 다반사였다는 것이다. "그거 정말이니?" 하는 의구심 섞인 물음과 함께.

얼핏 보면 한 가지를 반대하기 시작했지만 그 금지와 반대에 부응하기 위해 많은 것을 포기해야 하는 경우가 나날이 늘어갔다고 전했다. 그녀는 자신과 자매들이 모두 무기력증에 빠져 있었다고 지난날을 회상했다.

사사건건 반대에 부딪혀 주체의식을 갖고 살기에는 너무 피곤해 "그래. 조용히, 편히 가자. 시끄럽고 복잡하다"는 생각에 매사 포기하고 마는 경우가 많았다는 것이다.
"가끔 끌려가는 것 같은 삶이 싫기도 했지만 내가 주체가 되지 않는 수동적 삶이 정말 편하더라구요. 그냥 맞춰주면 되니까."

늦게 들어 올 경우 대문을 열어주지 않아 문밖에서 동이 틀 때까지 밤을 지새운 적도 있었고 근처 모텔에서 잠을 자다 아예 가출한 경험도 있다. 반항하는 자매 중 한 사람은 외출을 못하게 하기 위해 머리채를 쥐어 잡혀 삭발을 당하는 수모도 겪었다는 것.
그녀의 동생과 데이트를 하고 늦게 보낸 한 남학생의 부모에게 김씨 아버지가 찾아가 동네가 시끄러울 정도로 '행패성 항의'를 부려 경찰이 가택침입으로 출동하기도 했다는 것이다.

이러니 당연히 데이트도 힘들었고 바쁜 직장에서 요리조리 야근을 피하다 보니 불성실하고 이기적인 사람으로 찍혀 회사 내 고과도 별로 인 경우가 많다고 토로했다.

김 씨는 데이트하다 한 달에 세 번 밤 10시쯤 귀가했다가 쫓겨나 그때 만난 사람과 결혼했다. 결혼한 이유는 당장 갈 데가 마땅치 않았던 데다가 상대가 모든 걸 허용하는 포용력이 있어 보여서라고 전했다.

"그 사람이 결혼하려면 집에 들어가야 한다면서 집에 들어가면 원하는 것 뭐든지 다 해준다고 했어요. 세상에 태어나서 '네가 원하는 것 다해주겠다'는 얘기는 그때 처음 들었구요. 정말 듣기 좋았어요. 별거 아닐 수 있는 그 말에 내 깊은 마음속에서 행복감이 샘물처럼 솟아오르는 게 느껴졌거든요. 그 한마디에 결혼을 결심했다 해도 과언이 아니죠. 나는 그냥 자유롭고 싶었어요. 무언가를 매일 금지 당하는 속, 마치 살얼음판을 딛고 살아가는 기분에서 그냥 훨훨 새처럼 날아다니고 싶었거든요." 그녀는 결혼생활을 하면서 여러 가지 어려움에 부닥칠 때마다 "그래도 부모의 불화로 험난했던 그 시절보다는 낫다는 생각으로 달랬다"고 했다.

결혼 당초에도 결혼에 대해 큰 기대를 하지 않았으니까, 결혼을 현 상태에서 벗어나기 위한 일종의 탈출구로 여겼으므로 그때 가서 문제가 생기면 다시 다른 출구를 찾아보자는 생각에 결혼을 서둘렀다고 전했다.

그녀처럼 부모의 거부와 억압으로 자기 삶의 주도권을 스스로 내어놓는 사람이 적지 않다. 이런 사람들이 겪는 일종의 정신적 질병은 무기력증이다. 만사가 다 귀찮고 가치 없어 보이는 의욕상실증, 허무주의에 수시로 휘둘린다고.

스스로 결정권을 내려놓은 자신을 비천한 존재, 기쁨이나 만족감과는 거리가 먼 존재라는 열등의식과 자기비하감에 수시로 시달린다는 것이다.

그리고 그 모든 결과의 책임을 그런 환경을 제공한 어머니에 돌리며 일생을 괴로워하는 경우가 매우 흔하다는 것이다.

'인간 내면에 흐르는 억압'에 대해 콤플렉스라는 이름을 처음 붙인 스위스의 의사 겸 심리학자 칼 융 역시 "나는 내 어머니와 아버지, 조부모, 그리고 더 먼 조상들이 해결하지 못한 채 남겨놓은 문제의 영향을 받고 있음을 아주 강하게 느낀다. 부모로부터 아이에게 넘겨진 비개인적인 카르마(업=業)가 가족 안에 존재한다는 생각이 자주 든다"고 역설했을 정도다.

그러니 이제 "직접적인 피해 당사자인 어머니는 위아래로 부대끼며 얼마나 힘든 세월을 살았을까" 하면서 그 험난한 생애를 측은지심으로 바라보고 위로한다면 그녀들의 상처도 어느덧 아물어가지 않을까. 상처의 유일한 약은 사랑하고 사랑받는 일 외엔 없으니까.

"세상에는 '넘을 수 없는 4차원의 벽'이 서 있다. 도전을 포기하는 것도 어리석지만 오르지 못할 나무, '넘사벽'으로 인생을 허비하지 말고 내게 적합한 나무, 즉 노력하면 넘을 수 있는 벽을 골라 넘으면 인생이란 너무 짧은 여행을 그나마 즐겁게 하지 않겠는가"라고 한 작가는 자신의 최근 저서 『어떻게 살 것인가』에서 말하고 있다.

그는 또 "상처받아도 스스로 치유할 수 있는 정신·정서적 능력을 기르라. 자신의 인격적 존엄과 인생의 품격을 지켜나가려고 분투하는 사람만이 주위의 위로를 받아 상처를 치유할 수 있으며 타인의 아픔도 위로할 수 있다"고 덧붙인다.

맞다. 언제까지 내 인생, 남의 탓만 하다 허비하겠는가. 긍정적 사고의 힘은 무엇이든 가능케 한다. "모든 것이 마음먹기에 달려있다"는 '일체유심조(一體有心造)', 살아보니 늘 가슴에 새기고 살아야 하는 불가의 가르침이다.

제발, 나 좀 내버려둬 - 금지는 이제 그만

금지는 사람을 좌절케 한다. 모든 종류의 금지를 당연하게
받아들이는 순간 주체가 된 삶은 바로 끝난다.

– 잭 브렘

세상이 다 아는 내 대학 은사님의 딸은 병고로 죽기 얼마 전 아버지가 수십 년 전 자신에게 건넨 부정의 말과 거부의 제스처를 놓고 얼마나 상처받고 아파했는지를 그래서 자신의 삶에 어떤 영향을 미쳤는지를 강남의 S 교회 간증을 통해 쏟아놓은 적이 있다.

"아빠는 늘 바쁘다면서 퇴근 후 내가 달려가 안기면 '얘야, 밥 좀 먹자'며 나를 밀쳐내셨어요. 식사를 끝내고는 같이 놀자는 나를 역시 거부하며 '얘야, 나는 원고 마감해야 하니까 저기 가서 너 혼자 놀렴' 하면서 늘 내가 가까이 오는 것을 금지하셨지요.

그게 얼마나 나를 외롭게 했는지, 그게 얼마나 전 인생에 영향을 미쳤는지 모른다고 했을 때 나 역시 너무나도 매몰차게 가족의 존재를 거부했던 내 아버지의 모습과 그를 지켜보려 했던 어머니와의 끊임없는 불화가 생각나 함께 울음을 터뜨렸다. 그 자리에 참석한 많은 사람들이 동병상련의 아픔에 눈시울을 적셨다.

남들이 보기에는 참 근면하고 열심히 살아온 여성들 중에도 "참 힘들게 살았다. 그 허무감과 무기력증을 떨치고 사회생활을 한다는 게 아주 힘들었다. 무언가 하려면 한참 동안 자신을 달래고 의욕을 일게 하는 발동을 걸어야 일할 수 있는 모드로 접어든다"고 해 상대를 의아하게 만드는 여성들이 적지 않다.

'그들의 과도한 씩씩함과 열정은 스스로에게 걸었던 주문과 발동이 아니고 무엇이었겠는가'라는 생각이 들게 한다. 그들은 아주 필요한 경우를 제외하고 대인 관계나 대외적인 일을 개시, 추진하는 데는 의외로 아주 미온·수동적이라는 것이다.

한 여성은 "사람들을 만나면 뭐하나. 잠시 만나 수다를 떨어도 더 허전해지는데……" 또는 "관계라는 것이 언제 변할지 믿을 수 없는데 시간과 노력을 들이는 게 귀찮다"는 식이다.

자신의 삶의 질에 큰 영향을 미치는 결정적이고 치명적인 경우를 제외하고는 그런 부정적이고 미온적인 태도가 행동을 결정하는 기준처럼 작용한다고 했다. 사람 관계를 귀찮게 또는 우습게 보고 먼저 손을 내밀지 않으니 원만한 대인 관계에도 영향이 있다고 말한다.

이런 양상에 대해 문화심리학자인 김정운이 한 신문 지면에 소개했던 심리학자 브렘(Brehm)의 '심리적 저항 이론(Psychological reactance theory)'을 들여다보자.

"금지는 사람을 좌절케 한다. 모든 종류의 금지를 당연하게 받아들이는 순간 주체가 된 삶은 바로 끝난다. 처음 금지를 당하게 되면 사람은 일단 저항한다. 하지 말라고 하면 더 하고 싶어지는 심리가 바로 그것"이라고.

그런데 그가 주목하는 것은 금지가 반복되고 지속될 때의 심각성이다. 처음에는 심리적으로 저항하고 분노하던 사람들이 어느 순간부터 금지에 익숙해지기 시작한다고. 나중에는 외적 금지가 없더라도 스스로 금지하고 체념하는 '학습된 무기력(Learned helplessness)'에 빠지게 된다는 것이다. 그러면서 세상에 금지를 내면화하고 체념하는 것처럼 무서운 질병은 없다고 주장한다.

나는 그의 분석과 진단에 적극 동감하는 사람이다. 나 스스로 어렸을 때부터 딸자식을 '사기 접시'에 비유하며 엄격하게 통제만 한 부모님이 언제 한 번이라도 따뜻하게 웃으며 "그래, 네 마음대로 해보렴", "네가 하는 것은 믿을 수 있어", "넌 역시 잘하니까"라고 해줬으면 얼마나 좋았을까 하며 긍정 어린 허용과 칭찬을 그리워했던 기억이 나니까.

'고이 키운다'는 생각으로 내게 요구한 매일의 '금지'가 내게는 내 행위에 대한 부정이며 비난이며 칭찬의 반대말로 여겨졌기 때문이다. 이는 "내가 별수 있겠어?" 하는 자기비하와 타인 눈치 보기, 자신감 부족으로 이어져 오늘에 이르렀다는 것을 수시로 직감하니까.

그래서 내가 얼마나 나 자신을 어둡게 바라보고 있었는지, 작은 실패나 문제에도 얼마나 좌절하고 낙담했었는지, 그리고는 곧바로 "안 되면 그만두는 거지 뭐, 세상 별거 있어. 까짓거 영영 사라지는 것도 방법이고 선택이야"를 수시로 중얼거리곤 했다.
"그래 끝까지 해보는 거야. 내가 누군데" 하는 생각은 내게 선택의 답안이 아니었던 것이다.

심리치료사 잉그리트 알렉산더 등은 "나무가 그렇듯 인간의 성장에도 좋은 양분을 끌어올릴 수 있는 뿌리가 소중하다. 그러므로 인간의 뿌리에 해당하는 세대를 거쳐 대물림되는 상처를 치유하는 일은 매우 중요하다"고 최근 저서 『굿바이 가족 트라우마』에서 밝히고 있다.

그는 아이의 부모 혹은 그중 한 사람이 가족 관계를 망치고 배우자를 마음대로 조종하려 하며 자녀들에게 높은 성과를 강요하는 이유에 대해 "그들 스스로가 정작 누구의 인생을 살고 있는지, 누구의 갈망을 충족하기 원하는지 구분하지 못하기 때문"이라고 지적한다.

그는 또 부모-자녀 간의 묵시적 '충성계약'에서 벗어날 때 부모세대가 겪은 충격적인 경험이 전이되는 가족 트라우마의 상처를 치유할 수 있다고 강조한다.

긴 세월을 돌아 지금 이 자리에 서 있는 나는 "그래도 이 정도 살아낸 걸 보면 운이 아직은 꽤 괜찮은가보다" 스스로 위안하고 있다.
"그래 됐어, 감사한 일이야!"라고 안도하고 있다.
아니, 억압과 금지 한편에도 어머니의 진정한 염려와 사랑의 그림자가 드리워져 있었다고 믿었기 때문이리라. 어머니 안에 담긴, 그 자신조차 어쩔 수 없는 대물림의 상처와 아픔에도 불구하고!

사랑과 거부의 언어, 그 위력

우리는 시절을 기억하는 게 아니라 다만 순간을 기억하는 것이다.
기억은 순간을 불러낼 뿐.

― 체사레 파베세

세상은 온갖 말로 꽉 차 있다. 온갖 언론매체, 사이버공간, 사람들이 쏟아내는 말로 세상은 온통 시끄럽고 소란하다.

그중에서도 여러 가지의 감정과 의도를 담고 사람이 사람에게 직접 하는 말은 그 영향력이 가공할 만하다. 선의와 칭찬을 담고 있는 말은 한 사람의 전 인생을 행복과 성공으로 치닫게 한다. 그와 반대로 상대의 인격을 모독하고 상처를 주는 말은 그 영향력이 가히 파괴적이고 폭력적이라 할 수 있다.

그것도 지속적으로 반복되는 말은 사람을 세뇌시키고 그 말에 저항하다 결국은 무릎 꿇게 한다. 실로 말의 위력은 엄청난 것이다. 사람을 살리고 죽이는 것이 '말'이라는 예리하고 날카로우면서도 빛나는 양면을 가진 무기인 것이다. 살생 병기는 물질을 말살하지만 잔인한 말은 인간의 가슴과 정신력을 병들게 하는 것이다.

특히나 사람의 인지 능력이 제대로 발달하지 않은 유아기 때나 청소년기에 자주 반복해 듣는 말의 영향력은 그 말을 듣고 자란 사람에게 치명적인 역할을 한다고 할 수 있다.

자신에게 가장 중요한 사람, 그래서 가장 위협적인 사람이 하는 말은 상대를 길들인다.

그에서 벗어나지 않게 하려고 그가 하는 말을 지상명령으로 받아들여 그대로 실행하게 되는 것이다. 유약한 어린 생명의 생존이 걸린 문제니까.

요구당한 대로 순순히 말을 들어야 먹을 것이 나오고 그래야 잠자리가 제공되고 따뜻한 한마디라도 들을 수 있으니까.

어린 영혼에게 세상에 보호받아야 할 첫사랑의 대상에게 거부당하는 것은 치명적인 상처가 된다. 그 대상은 주로 어머니다. 어머니가 전적으로 어린아이를 돌봐주니 생사여탈권이 그로부터 나오니까 말이다.

최근 발행된 『굿바이 가족 트라우마』(잉그리트 알렉산더·자비네 뤼크 저)는 사람이 물려받는 것은 물리적 유전자만이 아니라 고통과 상처도 마찬가지라고 지적한다.

심리치료사이며 아동심리학자인 두 여성 저자는 "생존을 위해 부모에게 모든 것을 의존할 수밖에 없는 어린아이는 부모의 행동과 침묵 뒤에 숨어있는 깊은 상처를 금세 알아채고 부모가 겪은 충격이나 감수해야 했던 결핍, 채우지 못한 소망 등을 보상해 주려 애쓴다"고 강조한다.

결국 스스로 그런 '충성계약'에 빠진 아이는 자신의 욕구를 희생하고 감정과 소망을 내면에 가두고 스스로 성장을 멈춘다는 것이다. 이렇게 자란 아이는 자존감이 낮고 자신과 친해지지 못하는 어른이 된다는 것이다.

그리고는 부모에게서 충족하지 못한 결핍을, 대신 배우자나 자녀를 통해 해소하려는 경향을 나타내 세대를 관통해 흐르는 '가족의 트라우마'로 공고해진다는 것이다.

철학자 이주향 교수(수원대)는 한 기고문에서 금지되고 거부당한 딸들의 입장을 말하면서 "그들은 사랑받기 위해 안간힘을 쓰며 절대적 사랑을 위해 유랑한다.

사랑은 삶을 있는 그대로 존중하고 존중받아야 할 존엄한 그 무엇이라는 것을 깨닫게 되기까지 그들은 집착과 포기를 반복하며 무섭고 아득하고 고독한 무의식의 바다에서 헤맨다"라고 주장한다.

나는 금지와 억압으로 상처받은 이 땅의 많은 딸들이 그 금지가 사실은 염려와 배려, 사랑에 뿌리를 둔 '내 유년기 초보 보호자'의 어설

폰 애정 표현이었음을 깨닫고 어서 그 어두운 그림자에서 하루속히 벗어나길 소망한다. "널 때리는 내 가슴에는 피눈물이 흐른다"고 했던 엄마, 아빠의 말에 담겼던 진정성에 기대면서.

그래서 이미 늦은 감이 있지만 내 자식에게, 더 나아가 앞으로 태어날 내 자식의 자식에게 금지가 아닌 찬성, 칭찬 등 절대 지지의 말을 끊임없이 쏟아붓는다면 내가 그리고 이 땅의 딸들이 받은 상처가 반면교사의 역할을 해 나름대로 좋은 자양분이 되지 않을까 기대해본다. 그게 깨달은 자에게 주어지는 유전하는 인생의 상급이 아니겠는가.

그렇게 내리사랑은 자신을 썩혀 밀알로 구실하는 것이리라.

"행복한 사람은 자신의 슬픔이나 두려움을 부정할 필요가 없다. 그의 진정한 강인함은 그가 약해도 된다는 데 있다"는 말이 가슴에 와 닿는다.

엄마와의 세 살 기억, 일생을 간다

용서는 실천과 자유로 가는 열쇠다.

― 한나 아렌트

"선명한 꿈처럼, 아니 전생의 내 모습인 양 나를 늘 쫓아다니던 불쾌한 환상 같은 것이 있었어요. 어린 내가 얼굴이 피투성이가 된 채 엄마 등에 업혀 병원으로 가는 기억이요. 비 오는 그 날, 사람들은 큰일 났다고 웅성대고 엄마는 피가 낭자한 내 얼굴을 보고 다급한 소리를 지르며 병원으로 달려가던 모습이요. 난 그 전 장면이 내가 언젠가 꾼 악몽인 줄 알았어요. 근데 그게 내게 실제 일어났던 일이며 내 생애 첫 기억이라는 걸 엄마로부터 확인했을 때 피가 거꾸로 솟는 줄 알았습니다. 나를 늘 괴롭혀왔던 내 분노의 근원지가 그 사건이었다는 것을 알았으니까요."

젊은 나이에 세계적인 홍보회사의 부장을 지낸 그녀 K. 그녀는 40

여 년 전에 발생한 그 얘기를 전하면서 지금 당장 겪은 일처럼 의아할 정도로 매우 흥분했고 졸지에 아주 불행하다는 표정을 짓고 있었다.

어릴 적부터 남들이 부러워하는 환경에서 자란 그녀. 역시 국내외 명문 고등학교와 외국의 명문 대학을 졸업해 그야말로 남들이 부러워하는 '엄친아'의 대명사로 여겨졌다. 경제적으로 부유했고 그녀의 부모는 전문직을 가진 '지식인'으로 불렸다.

그 사건은 일생 외도를 일삼았던 그녀의 아버지와 어머니가 격하게 부부 싸움을 하던 중 이를 보고 겁나서 울부짖는 어린 K를 화난다며 집 안마당에 집어던지면서 비롯됐다는 것이다. 그녀는 그 사건의 흔적으로 아직도 얼굴에 남아있는 3cm가량의 꽤 큰 상처를 보여줬다.

"초중고생 때 어른들은 나를 보면 '쯧쯧' 혀를 차며 안됐다고 했어요. 어느 날 버스를 탔는데 옆에 앉은 할머니가 사람들이 많은데 '에구, 얼굴에 상처가 그렇게 나면 사는 게 평탄치 않은데……. 시집은 어찌 가겠노?' 하는 거예요.
얼굴 한복판에 그런 상처가 있으니 안타까웠던 모양이죠. 한창 예민한 나이에 남학생도 많은 버스 안인데 창피하고 속상했던 기억이 나요. 그런 얘기를 여러 번 들으니 이성을 만나기 겁나고 자연 결혼에 대해서도 회의적이 되더라고요."

당시 깊이 파였었던 상처는 그녀가 성인이 된 후 두 차례의 성형수술을 거쳐 지금은 희미해졌지만 여전히 과거 가족사의 아픔을 증명하고 있었다. 그녀의 혼기가 다가오자 그녀 어머니가 흉터 제거 성형수술을 적극 권하면서 그 사건이 밝혀졌다는 것이다.

"남들이 보기에는 그럴싸한 인텔리 가정인데 우리 부모는 매일 싸웠고 악을 쓰는 어머니는 때론 구타를 당했어요. 그리곤 아버지가 나가면 머리를 싸매고 늘 드러누워 계셨지요. 지금도 어릴 적 내 어머니를 떠올리면 아프다면서 울고 계시던 불행한 모습에 슬퍼져요. 그래서 덩달아 내게도 불똥이 튈까 늘 불안했고 어머닌 자기 기분이 나쁜 탓인지 우리 자식들에게 늘 화를 내셨어요. 아버지도 물론이구요." 그녀는 어릴 적 최초의 기억을 전해 들은 후 자신의 절제 되지 않는 분노 표출이 그런 상처로부터 비롯됐다는 것을 확신하게 됐다고 했다.

그녀는 자기 직업의 본분을 망각한 채 그녀가 홍보를 담당했던 고객 기업의 비리를 그럴듯하게 포장하자는 회사 경영진과 맞붙어 고성을 지르며 설전을 벌이다 두 번이나 그 자리에서 밀려나야 했다. 회사 측 반응은 "누군 사기꾼이고 저만 정의로운 거냐? 그럴 거면 홍보회사를 애당초 들어오지 말아야지"였다는 것. 그 이후 조그만 자영업에 손을 댔으나 거만하고 예의 없는 고객들을 보면 분노가 치밀어 그냥 집어치우고 지금은 한 시민단체에서 거의 무보수로 일하고 있다.

"분노해야 할 문제를 대하고도 모른 척, 화를 내지 않는 것이 위선이며 기회주의자라고 생각했어요. 사람들이 그 와중에도 자기 보호 의식이 강해 손해 안 보려 비겁한 행동을 하면서 자신을 미화한다고 여겼죠. 문제는 그런 문제의식을 어떻게 잘 표현해 자신이 원하는 쪽으로 성과를 얻어내느냐에 달려있다는 것을 나중 깨달았어요. 분노는 해결 방법이 아니고 오히려 전체를 망친다는 것을요." 그녀는 씁쓸하게 웃으며 앞으로 어떻게 대인 관계를 해나갈지 매우 걱정이라 했다.

그녀는 자신의 분노 표출이 삶의 행로조차 바꿔가고 있음을 자각하고 요즘 전문의의 도움을 받고 있다. 무엇보다 "내 삶을 망가뜨리는 분노가 부모로부터 비롯됐다는 것이 나를 더 괴롭힌다"고 했다. 또 "세상에 태어나 누구보다 사랑받고 의지해야 할 엄마·아빠로부터 생애 초기부터 버림받고 늘 화풀이의 대상이었다는 느낌, 그 취약한 아기였던 내가 얼마나 무서웠을까 상상을 하면 그 아기가 너무 불쌍해 지금도 떨리고 눈물이 치솟는다"며 울컥 흥분했다.

그 분노에 휩싸이면 가슴이 뛰고 일이 손에 잡히지 않아 마치 상처 받은 짐승처럼 방 안을 정신없이 맴돈다고. 그녀는 심리상담을 받고 항우울제를 복용한 후 훨씬 안정세를 찾아가고 있다고 했다.

그녀는 '내면아이'가 자신 안에 도사리고 있음을 인정했다. 이 '내면아이 이론'이 수시로 폭발하는 자신의 분노조절장애를 설명, 이해하는

데 도움이 된다고 전했다.

심리학에서 흔히 말하는 '내면아이'란 어릴 적 충격적이고 강렬한 사건을 겪은 아이가 그 상처를 치유하지 못한 채 어른이 됐을 경우 보이는 모습을 말한다. 즉 몸은 자랐지만 마음은 아직 사건 당시에 머물러 사춘기적 방황을 하고 당시의 기억을 떠올리는 유사상황이 되면 자신도 모르게 급작스레 분노를 폭발하는 상태 말이다.

그래서 언제 그런 상처를 받을지 두려워 사람과의 관계를 일부러 회피하고 가까워지는 것을 두려워하게 되더라고 했다.

그녀는 "내 처지를 보면서 자식에게는 부모의 재력이나 지위보다는 사랑하는 부부관계가 얼마나 중요한지 깨달았다"며 "사랑을 흠뻑 받으며 안정된 집안에서 자란 사람은 모든 면에서 인생사가 편하고 쉬울 것 같다"고 깊은 한숨을 내뱉었다.

그러면서 "한번 망가진 심성은, 가지고 있던 좋은 조건마저 모두 무너뜨리더라"며 낭패감을 토로했다.

그녀가 어서 빨리 어릴 적 깊은 상처의 후유증에서 벗어나, 자기애와 자존감을 높여 삶을 편안하고 여유 있게 살아가는 데 그 좋은 학·경력과 실력이 도움이 됐으면 좋겠다.

부부 사랑, 아이에겐 최고의 선물

> 아버지가 자녀에게 해줄 수 있는 가장 좋은 방법은
> 그 어머니를 사랑하는 일.
>
> - 찰리 셰드

크고 작은 일이 터지면 감정을 제어하지 못하고 일단 '한 버럭'하는 나 역시 남의 일 같지 않게 느껴진다. 분노를 자주 느끼는 사람들이라면 자신의 분노가 어디서부터 유래했는지 궁금할 것이다.

내 경우 깡촌에서 홀로 서울로 올라와 온갖 어려움을 헤쳐내고 자수성가한 아버지, 고단한 일상 때문에 늘상 내뱉는 그 아버지의 '분노 희생자'였던 엄마가 몰고 갔던 우울하고 불안했던 집안 분위기 때문이라 해야 할 것 같다.

아버지는 '밥'을 제공하는 절대 강자로 엄마와 자식들에 군림했다. 우리는 늘 눈치를 봐야 하는 약자였다. 아버지가 외출에서 돌아오면

TV를 끄고 모두 제 방으로 들어가 항상 '생산적인' 뭔가를 하고 있는 척했다. 목소리는 기어들어 항상 소곤거리는 음성으로 대화를 했다. 당연히 집안 분위기는 살얼음판이고 냉랭해 어떻게 하면 집 밖으로 나가 자유로워질까 그걸 궁리하고 탈출하기 위해 왕성하게, 천재적으로 거짓말을 꾸며댔다.

심리학자 찰리 셰드(『사랑하는 딸아 너는 이렇게 살아라』의 저자)가 "아버지가 자녀에게 해줄 수 있는 가장 좋은 방법은 그 어머니를 사랑하는 일. 즉 부부관계가 좋은 것이, 서로 사랑하는 것이 아이에게 가장 좋은 선물이다. 훌륭한 아빠 이전에 좋은 남편 되는 것이 절대적으로 필요하다" 라고 한 말은 마치 우리 가족상을 보고 한 말처럼 피부에 와 닿는다.

만약 나의 아버지가 어머니와 사이가 좋아 항상 웃음 짓고 따뜻한 가정에서 내가 자랐다면 나는 지금보다 훨씬 안정적이고 밝게 세상을 살아가고 있을 것이라는 상상을 가끔하며 그런 가정에서 자란 친구들을 부러워한다.

왜냐하면 조그만 일에도 분노하고 좌절하며 그로 인한 부정적인 기분으로 인해 자주 자신감을 잃고 무기력감에 빠지기 때문이다. 나보다 훨씬 열악한 조건의 사람들이 늘 활기차게 사는 것을 보면 부끄럽기도 하고 존경스럽기도 하다. 무엇보다 부럽다는 생각이 든다. 그걸 개인의 노력으로 얻을 수 있는 데는 한계가 있다는 것을 경험으로 알기 때문이다.

그러면서 참으로 어려운 시골에서 자라 서울에서 맨몸으로 성공하기까지 아버지가 겪었을 외로움과 고난이 느껴져 잠시 잠시 내가 그토록 미워했던 아버지에 대한 연민도 솟아오르곤 한다. 이건 세월의 힘이다.

나는 생각하게 된다. 자라면서 가난이 싫어 10대에 집을 뛰쳐나와 부모의 사랑과 칭찬, 격려를 받아보지 못했던 아버지는 역시 그 주위 사람들을 어떻게 사랑할지 몰랐으리라고. 주위 사람들을 힘들게 했던 본인 자신은 수십 배 더 힘들었을 거라고.

동시에 그런 아버지와 만나 일생을 마음 졸이며 살았던 어머니의 고단했던 삶도 측은하게 느껴져 콧등이 찡해온다. 이제 돌아가신 분은 한 줌의 흙으로 사라졌고 남들이 보기에는 그저 그러한 뻔한 얘깃거리로 들릴지도 모른다. 하지만 두 분 불화의 그림자가 내게 남긴 지대한 영향력은 내가 심리적으로 어려움에 처할 때 그 진면목을 드러내니 참으로 딱한 일이다.

"인간의 뇌 속에 자리한 초기의 기억이 인간이 살아가는데 여러 관계에 큰 영향을 미친다"는 뇌 과학자(『뇌와 내부세계』의 저자 마크 솜즈, 올리번 턴블)의 주장에 따르면 내 유년기를 지배했던 불우한 기억이 나도 모르는 사이에 망령처럼 내 감정과 행동, 그 삶의 질을 송두리째 좌우하게 되니 얼마나 소름 끼치는 일인가 말이다.

정신분석학자들에 따르면 의식 밖에 있는 기억의 일부인 무의식은 어린이가 언어로 감정을 표시하기 이전인 3세 이전에 대부분 형성된다는 것이다.

그러니 우리 모두는 부모의 역할이 주어지는 그 순간부터 자신도 의식하지 못한 채 새 생명의 행·불행을 틀어쥐고 있는 절대자의 역할을 하는 것이다. 모골이 송연해진다.

대부분 긍정적인 면보다는 부정적인 면이 더 부각돼 상처로 남을 테니 자연스레 가해자가 되는 것이다. 이미 한 세대 전에는 우리 역시 이전 세대에 의한 희생자인 경우가 허다하니 그 가해성이 대물림되고 있다고 생각하면 무섭고 숙연해진다. 뗄 래야 뗄 수 없이, 피하려야 피할 수 없이 유전하는 인생의 단면이니까.

새삼 나를 엄마로 둔 내 아이는 은연중 내가 겪은 어려움, 그로 인한 억압되고 부정적인 감정이나 행위들을 그대로 답습하는 게 아닌가 슬슬 그 아이의 눈치와 기분을 살피게 된다. 이미 물은 쏟아져 주워담을 수 없는 일이 돼버렸지만 말이다.

내가 이 나이가 돼서 내 엄마를 살핌으로써 내 사고와 행동 패턴의 뿌리를 알아간다는 것은 뒤늦지만 소중한 일이다.

유년기 엄마 사랑, 감정 조절 능력의 열쇠

화를 냄은 정의감의 발로가 아니라
자존감의 결여 때문이다.

– 바바라 베르크한

감정 조절이 잘 안 돼 수시로 '한 버럭'하는 내가 30년 넘게 결혼생활을 유지하는 것은 순전히 남편 덕이다.

"이보쇼, 마누라……. 뭐가 그리 심각한데……. 잘 생각해봐, 그게 화를 낼 일인지, 지금 주제에서 벗어나 엉뚱한 것으로 화를 내고 있지 않나 곰곰 따져보라구." 버럭 화를 낸 내게 남편은 '이그, 이 측은한 인간아' 그런 표정이다.

화를 내다 머쓱해 그저 번번이 제풀에 주저앉는 건 이성적인 그의 반응 때문이다.

"당신이 안 그랬던가, 생각하기 나름이라고……. 당신은 웃으면 예쁜

데……." 결국 본전도 못 건지고, 제 감정도 추스르지 못했다는 자책감이 나를 주눅 들게 한다. 부부로 살고 있으니 수시로 같은 사안을 놓고 보이는 두 사람의 감정 표출은 사뭇 다르다.

분노에 분노로 대적하지 않는 그가 처음에는 얄밉고 위선적으로 보여 더 불같이 화를 냈다. 겉으로 보면 우리 집에서 목소리 큰 내가 매번 이기는 것 같다. 그런데 돌이켜 보면 내 주장대로 된 건 별로 없다. 특히 내가 이성을 잃고 불같이 화를 낸 사안은 더욱 그렇다.

내가 요즘 '한 버럭'에서 '반 버럭'쯤으로 격상된 것은 기분이 나쁠수록 침착해지는 그의 힘이 크다. 그렇게 단련이 된 덕분일까. 주위에서 화를 가누지 못하는 사람들을 보면 "아, 저 인간 다루기 쉽겠는데……." 가늠할 정도가 됐다. 그게 바로 내 모습이기도 하니까.

남편을 보면서 역시 부모의 좋은 관계, 그 덕분에 기분 좋은 사랑을 듬뿍 받고 자란 사람과 아닌 사람이 어떻게 차이가 나는가를 느끼게 된다.

그 외에도 주변에 유달리 느긋한 사람, 늘 웃는 친구, 항상 깊은 호수처럼 흔들림이 없는 사람들은 상대의 화를 가라앉히는 방법으로 그 사람의 자존감을 높여주라고 입을 모은다. 화를 낸다는 것은 곧 자기 얘기를 들어달라는 다른 표현이니 애정을 갖고 무조건 경청하자는 것이다. 화를 잘 내는 사람일수록 자존심이 강한 만큼 칭찬만큼 좋은 처방이 없다는 것.

곧 그가 한 말이나 행동의 긍정적인 면을 칭찬해 그의 자존감을 회복시켜 스스로 절제하도록 하라는 거다. 칭찬에 장사 없는 데다 그 스스로 자신의 행동을 뒤돌아보게 하는 효과가 있다는 것.

상대가 불같이 화를 냈을 때 즉각적인 반응을 피하고 한 템포 늦춰 웃음을 띠며 대꾸하면 상대의 독기를 빼는데 5초도 안 걸린단다.

웃음은 스트레스 호르몬을 감소시켜 면역력도 높이고 체지방분해 효과도 있다 하니 꿩 먹고 알 먹고 아닌가. 웃음은 행복 등 모든 문을 열 수 있는 만능열쇠하고 하지 않던가.

그러나 가장 중요한 것은 화는 잘 내면서도 이성 강한 사람을 누구보다 부러워하는 이들 자신이 스스로 화를 삭이는 훈련을 하는 것이다.

화도 중독성 강한 습관임을 되뇌면서 스스로 부끄러운 모습에서 벗어나기 위해 이를 악물고 참는 연습을 한다면 '한 버럭'에서 '반 버럭'을 거친 후 화날수록 침착한 사람이 될 날이 머지 않으리.

그들 스스로 원 없이 부모로부터 사랑을 받았다는 내 남편이나 느긋한 주위의 친구들을 보면서 그들이 받은 유년기의 넘치는 사랑이 그가 갖고 있는 재물과 지위, 학력에 최우선 해 전 인생의 행복에 가장 강력한 역할을 한다는 것을 깨우치게 된다.

부모의 불화, 그로 인해 육아를 책임진 엄마의 분노와 불행은 직접적으로는 자녀 역시 화를 절제하지 못하는 사람으로 만들어 불행감에 빠져들게 하며 결국 주변 사람과의 관계를 망치는 주범으로 작용한다는 것은 불을 보듯 자명한 일이다.

화로 인한 언어폭력에 주목하는 커뮤니케이션 전문가 바바라 베르크한은 그의 저서 『화나면 흥분하는 사람 화날수록 침착한 사람』에서 화를 냄이 정의감은커녕 '자존감의 결여' 때문이라고 일갈한다. 제 감정도 제어하지 못해 이성을 잃고 판을 깨는데 이게 바로 '루저(Looser)'라는 것이다.

분노는 낮은 자존감의 표출

> 뇌의 중요한 감정과 이성 시스템이 부모 육아 능력에 의해 좌우된다.
> 특히 오랜 시간 같이 있는 엄마에 의해.
>
> - 찰리 셰드

생전에 갖가지 사회적 이슈의 한복판에 서기도 했던 고(故) 김수환 추기경도 "성냄이 자기와 남을 죽이며 사람을 쫓아 늘 외롭고 쓸쓸하게 만든다"며 화를 경계하라고 주문하곤 했다. 더구나 성냄이 야기된 문제를 해결하는 것도 아니고 결국은 자신에게 손해로 돌아온다는 것을 잊지 말라고 당부했다.

악에 받쳐 퍼붓는 화의 부정적 에너지는 나쁜 기운을 전염시켜 주위 사람들의 행복을 짓밟고 사회를 병들게 한다는 연구 결과도 쉽게 접할 수 있다는 것이다.

어릴 적 몸으로, 정신으로 습득한 분노가 한 사람의 전 인생을 망칠 수도 있다는 얘기이니 심각하지 않을 수 없다. 원만한 관계 맺기에 실패할 경우 행복을 기대하기는 당연히 어려운 것이다. 인간의 지속적인 행복은 사람과 사람 간의 따뜻한 만남에서만 성취될 수 있다는 것을 우리는 잘 알고 있다.

사람과의 관계 외에 재물을 얻거나 지위를 얻어 느끼는 희열이나 행복은 순간적일 정도로 금방 사라지기 때문이다. 이런 걸 흔히 '한계효용체감의 법칙'이라고도 하나보다. 나누지 않는 재물이나 지위의 보상은 아주 약하다. 본인 자신에게 아무 위안도 되지 못한다. 결국 불화와 불행의 단초가 되기도 한다.

심리학자 찰리 셰드는 인간의 분노 감정을 주시하면서 "뇌의 중요한 감정과 이성 시스템이 부모의 육아능력에 의해 좌우된다. 특히 오랜 시간 같이 있는 엄마에 의해 길러진다"고 못 박는다.

그는 부모로서 자녀를 행복하게 하는 일은 아이 스스로 자신이 가치 있고 중요한 사람이라고 여기는 자존감이 높은 사람으로 만드는 일이라고 강조한다.
자존감은 스스로 무엇이든 어떤 여건에서도 해낼 수 있다는 자신감을 줘 위기나 어려움에서도 좌절하지 않고 원래의 상태로 돌아가 평안을 되찾고 꿋꿋하게 튀어 올라 이전의 행복을 되찾게 하는 것이라고 주장한다.

남들이 보기에는 멀쩡하고 부러운 사회적인 지위를 갖고 있으면서도 스스로 자존감이 낮다고 여기는 사람들이 있다. 사회적인 지위가 곧 자기애와 자존감의 척도가 아니며 더구나 행복한 사람의 기준이 아님을 우리는 누누이 보아왔다.

아무리 사회적 기준의 성공을 한 사람이라도 그가 웃을 수 없고 행복하지 않다면 결코 성공했다고 할 수 없는 일이다. 인간의 모든 행위는 궁극적으로 행복을 지향하고 있음을 부정할 수 없으니까 말이다. 행복하지 않다면 그 어느 것도 가치를 부여할 수 없음이다.

자존감이 낮은 사람들의 공통적인 특성 중 첫째는 어떤 실수를 저질렀을 때 "그러면 그렇지. 내가 잘하겠니?" 하고 자신에게 곧바로 비난을 퍼붓고 질책하는 태도이다.
자신을 늘 무가치하게 생각해 "난 안될 거야"를 반복하고 자신의 장점보다 단점을 크게 보는 태도를 보인다는 것이다.

그러니 불행에 닥쳤을 때 비관과 좌절감에 빠져 다시 일어서는 회복 능력이 현저히 떨어지고 경우에 따라서는 최악의 방법을 돌파구로 선택한다는 것이다.

어떤 여건에서도 "그럼에도 난 일어설 수 있어, 별일 아니야 괜찮아"라고 생각하며 도전하는 힘을 주는 것, 다시 일어설 수 있는 자신을 믿는 신뢰감, 남들이 보기에는 근거 없고 허황되다고 느낄 수 있는 자신감은 어릴 적 엄마가 준 사랑과 칭찬, 격려에서 생겨난다는 것이다.

정신분석 전문가인 로라 퓨어스타인은 그의 저서 『왜 나는 엄마처럼 살아갈까』에서 "아직도 어린 상태의 아이에게 엄마라는 존재는 더욱 크고 강하며 절대적인 존재로 보여 어머니의 화가 더 두려워 보이며 생존에 대한 아기의 본능 때문에 그런 부정적인 면들이 더 확대돼 더 큰 공포로 다가올 수 있다"고 주장한다.

이렇게 환상과 현실이 범벅돼 우리 자아 속에 더 크고 무서운 존재로 각인된 어머니의 존재는 한 인간의 삶 속에서 끊임없이 우리의 무의식과 의식에 영향을 끼친다는 것이다.

성격심리학자인 김시업 교수(경기대)는 그의 저서 '결혼과 가정'에서 유아가 자신을 돌보는 사람과 강하고 지속적인 정서적 유대를 형성하는 애착은 인간에 대한 최초의 신뢰감이라는 점에서 전 생애에 영향을 미친다고 분석한다.

그는 "엄마에 대한 신뢰가 확실한 아이는 엄마가 눈에 보이지 않더라도 단지 상상하는 것만으로도 심리적 위안과 안전감을 갖게 된다"며 "애착은 인지적 탐색과 사회적 관계 형성의 기초가 된다. 다시 말해 생의 초기에 형성된 타인에 대한 신뢰를 기초로 하여 자신의 삶을 구성하게 되는 것"이라고 강조한다.

 부모의 여러 유형을 연구한 그는 의사결정 시 아동과 의논하지 않고 부모의 권위에 도전하는 아동을 억압하거나 비난, 체벌하는 독재·독선적인 부모 아래서 자란 아이는 사회적 능력과 자발성이 부족하고 냉담하며 낮은 수준의 자아존중감을 가지고 있다고 덧붙였다. 즉 낮은 존중감은 곧바로 분별력과 인내심 등 이성을 잃고 자기통제와 분노조절에 문제를 보인다는 것이다.

 한 의학 자료에 의하면 한번 화를 내면 우리 몸 안의 8만4천 개 세포가 죽는다고 한다. 또 적개심을 품고 화를 낼 경우 스트레스 호르몬인 아드레날린이 혈압을 치솟게 해 심장마비나 심장질환에 걸릴 확률도 높아진다니 어릴 적 엄마의 사랑이 건강과도 직결되는 것이다.

 김 교수는 또 아이와 적은 시간을 보내는 등 부모 역할을 거의 수행하지 않으면서 아동의 요구를 거부하고 일관성이 결여된 태도를 보이는 방임적 부모 역시 아이에게 혼란을 주고 타인을 배려하지 않는 적대적이고 공격적인 성향을 낳게 한다고 주장했다.

 유년 시절, 선택의 여지없이 세상에 던져져 처음 만난 어머니가 이 땅의 생명들에게 얼마나 크고 대단한 영향을 미치는 존재인지 새삼 놀라울 뿐이다. 문제는 나를 포함한 이 땅의 많은 엄마들이 그 역할의 중차대한 의미와 소중함, 영향력을 모르고 엄마라는 지위를 아무 생각 없이 부여받아 전권을 휘두른다는 것이다. 생각만 해도 등골이 오싹해진다. 그리고 미욱한 엄마를 선택의 여지없이 만난 나의 그 아이를 측은지심으로 바라보게 된다.

하늘은 그래서 할머니란 이름으로 자기 자식의 자식을 돌볼 또 한 번의 '실패 만회의 기회'를 부여하는가보다. 나 역시 경건하고 조심스러운 마음으로 천우신조의 이 기회를 감사하게 된다. 노력하리라, 잘해보리라. 자신은 없지만…….

내 상처, 다 털어놓고 싶다

*내 자식들이 해주기 바라는 것과 똑같이
네 부모에게 행하라.*

― 소크라테스

"엄마가 그러면 안 되죠. 그래도 명색이 엄만데……."

나와 그 정도의 관계가 아닌데 가끔 내게 어머니에 대한 불편한 심기를 자신도 모르게 토로하는 사람들을 만난 적이 있다. 이야기의 원래 주제는 '어머니'가 아니련만 중간에 어쩌다 어머니 존재에 대한 말이 잠깐 나오면서 흐름이 이어질 때 말이다.

그 말을 할 때는 그들은 자신도 모르게 양미간을 찌푸리며 순간 그 감정에 몰입해 지금 본래의 주제에서 벗어나 머릿속이 다른 곳을 헤매고 있는 듯 보였다.

또는 그들은 부지불식간에 어머니를 얘기하다가는 순간 얼른 입을 닫아버린다. 그들은 아마 자각하지 못했으리라. 자신이 '어머니'라는 단어를 듣고 별안간 경직돼 불쾌한 표정을 지었다는 걸.

그날도 어느 여성이 일면식도 없었던 내게 화를 내듯 그랬다. 그날이란 내가 추석 차례를 끝내고 심신이 피곤해 어딘가에 훌쩍 가서 혼자 있고 싶다는 생각에 가방을 챙겨 차에 싣고 무조건 떠난 날이었다. 아내 역할의 고단함에 무심한 남편도 아들도 가족도 다 싫다는 생각에 불현듯 행선지도 정하지 않고 달리다 찾아든 곳은 강원도의 한 산사였다.

명절 끝이라 그 산중에 누가 있으려나, 너무 적막한 것은 아닌가 걱정이 들었지만 세상사에 정나미가 떨어진 내가 머리를 식히기에는 산사가 나을 것 같았다.

거기 요사채에는 다행히도 5명의 여성이 깃들어있었다. 산사가 추석 연휴 즈음해 개설한 며칠간의 템플스테이를 다 마치고도 개인적 필요에 의해 그냥 남아있는 여성들이었다. 이들 낯모르는 여성들은 서로 이름도 과거도 모르는 사이, 그래서 며칠 지나 헤어지면 다시는 볼 기약이 없는 사람들이었다. 그래서 공양간에서 아침 식사를 말없이 함께 마치고 '있으나 존재가 무관한 듯عن' 사람들과 함께하는 주변 산길 산책의 맛은 조용하고 한가로워 좋았다.

앞서거니 뒤서거니 걷다가 산 중턱에서, 때로는 달빛 쏟아지는 밤 누군가의 방에서 모여 주고받은 얘기는 얼굴을 가린 채 성당 신부에게 하는 고해성사나 다름없었다.

그녀들은 마치 흘러간 옛 노래처럼 자신들의 이야기를 쏟아냈고 우리는 남의 얘기 전해 듣듯 부담 없이 흘려들었다. 그게 그 자리의 질서이며 예의였다. 듣고 완전히 잊어주는 것.

전 국민의 명절인 추석 연휴에 자신을 내려놓겠다며 산사에서 템플스테이 프로그램에 참석한 여성들, 그리고 그것도 모자라 요사채에 홀로 더 머물고 있는 그들의 얘기는 어두웠다.

몸이, 영혼이 죽을 만큼 아파 자신을 내려놓기 위해, 그것만이 살길이라는 생각으로 그곳으로 찾아든 그녀들, 그들의 얘기를 들으면서 나 자신의 가출 원인은 아주 사치스럽다(물론 세상에 어떤 이의 것보다 각자의 고민이 가장 크다는 건 다 안다)는 생각이 스쳤다.

그리고 어머니로부터 비롯된 어릴 적 상처가 일생을 간다는 것, 희망과 의지를 놓으면 졸지에 모든 것을 놓게 된다는 것, 아무리 가볍게 보이는 얘기라도 당사자가 죽을 만큼 심각하면 심각한 것이라는 것, 잊으려 해도 일생을 거머리처럼 따라붙는 모진 허상에 전 인생을 망칠 수 있다는 것, 마음이 아프니 몸도 허물어지더라는 것, 그들을 구원하고 붙잡아 줄 수 있는 것은 오직 사랑이라는 것을 절감하는 시간이었다.

하지만 마음 놓고 의지하고 어떤 여건에서도 거부당하지 않는 그 사랑을 줄 수 있는 사람은 세상에 흔치 않다는 것, 그래서 절대자에 대한 믿음과 사랑이 필요하다는 것, 절대자인 신이 인간이 필요한 때에 항상 있을 수 없어 대신 인간에게 모성의 DNA를 심으셨다라는 생각들이 두서없이 내 머릿속을 스쳐 갔다.

흔히 마음을 터놓고 얘기하는 상대는 아주 가까운 사람이기 마련이다. 그러나 그보다 더 마음 터놓고 거짓이나 과장 없이 속사정을 내뱉을 수 있는 상대라는 게 있다는 것을 알았다.

기본적으로 상대도 마침 아픔이 있다는 공통분모가 있다면, 그래서 내 아픔을 이해할 수 있다는 믿음이 있을 때 사람들은 남김없이 자신을 털어놓았다. 상대가 어머니로 인한 상처로 울부짖고 있다면 서로가 더 할 수 없는 치유의 시간을 나눌 수 있는 것이리라.

그들은 서로 지난 과거도 이름도 나이도 철저히 모르기에 선입견 없이 그들의 얘기를 경청할 수 있었고 나와 무관한 사람들이니 상대를 판단할 필요도, 나중에 그 얘기들을 어디다 소문낼 이유도, 재미도 갖고 있지 않았다.

그러니 이름도 나이도 주소도 모르는 그들은 서로 얼마든지 솔직해도 부담이 되지 않는 모양이었다. 그냥 쏟아내고 들어주기만 하면

됐다. 그걸로 상당 부분 급격히 친해졌다. 아침에 몇이 뒷산을 두 시간 여 산책할 수 있을 정도로. 앞서거니 뒤서거니.

서로 아픔이 있기에 상대의 아픔에 진지하고 겸손하게 공감하니 그것으로 마음을 나눌 수 있음을 알았다.

누군가에게 마음의 짐을 풀어놓고 잠시나마 쉴 수 있는 기회, 스스로에게 허용해 따뜻하고 열린 마음으로 세상을 다시 보게 하는 힘을 비축하는 시도가 필요하리라.

더구나 온 국민이 궁핍했던 그 시절, 떠날 자유도 여유도 없이 집에서 자식들과 함께 허구한 날 구석에 몰렸던 어머니의 전 생애가 새삼 아픔으로 다가온다.

혼자 살아내기도 버거웠던 연약하고 연약한 어머니, 그 가여운 어머니의 사랑이 모자라 그 아래서 상처를 받고 다시 그 생애를 힘겹게 살아가고 있는 이 땅의 자식들을 어찌하랴. 그 대물림을 끊는 방법을 알고 싶다.

불행도 대물림 - 나도 행복할 수 있나요?

> 엄마와 심한 갈등을 겪은 이들은 어머니 운명 중 가장 불행한 면을 물려받아 남성이나 자신의 운명 전반에 대해 냉소를 보이기도 한다.
>
> — 로버트 캐런

결혼과 동시에 5년째 캐나다에 거주하다가 추석 연휴에 한국을 찾은 30대 중반의 그녀 H. 20대 말, 부모의 불화에 진저리가 나 도망가는 심정으로 캐나다교포와 결혼해 한국을 떠났던 그녀는 최근 이혼하자 한국을 다시 찾았다. 자신이 태어나 자란 곳, 얼굴이 같은 사람들이 같은 언어를 쓰는 곳, 그곳에 가면 매스꺼운 속이 김치찌개로라도 진정되는 느낌을 가질 수 있을 것 같았다.

부부 서로 '내 인생을 망친 웬수'라고 싸우며, 아이들에게는 '불행을 잉태한 악의 씨'라고 서슴없이 저주를 퍼부으며 그 구렁텅이에서 벗어나기 위해 혼자 가출한 어머니! 그리고 연이어 계속된 아버지의 절망 어린 폭음과 자살 시도……. 그녀는 가장 쉽게, 안전하게, 확연하게 자신의 인생을 바꿀 절호의 찬스로 결혼을 선택했다.
 아니 절호의 찬스까지는 아니어도 적어도 현 상황을 모면하기 위한 가장 좋은 방편임에는 틀림없다고 확신해 실행에 옮겼다는 것.

 그녀는 결혼생활을 하면서 행복할 때는 행복이 "내 몸에 맞지 않는 옷처럼 어색했고 곧 상대가 나 몰래 달아나 버릴 것 같아 내내 불안했다"고 전했다.

 결국 불화 끝에 이혼을 감행하자 "그래, 그러면 그렇지……. 내가 잘 살 수가 없지" 하며 당연스레 여기는 자신에 경악했다며 웃었다. 이번에 서울에 와서 수소문 끝에 떠나버렸던 어머니가 사는 집 주소를 확인했으나 그냥 선뜻 찾아가지 못하고 있다고 했다.

 산사 여기저기의 템플스테이에 참가하며 '미움을 삭이고 있는 중'이라고 했다. 지금의 분노를 가슴에 안은 채 어머니를 만나면 무슨 일이 벌어질지 자신이 없다고 하면서.
 그는 혼잣말로 "불행을 대물림할 것 같아 아이를 갖지 않은 것이 그나마 얼마나 다행인지 모르겠다"고 자위했다.

 내가 물었다.
 "그 미운 감정이 그리도 오래가나요? 그건 까마득한 과거 아닌가요. 더구나 이제 더 이상 아무 영향력을 행사할 수 없는 엄마잖아요? 이제 시야에서 사라졌고."

 난 정말 궁금했다. 그게 무슨 무모한 짓이란 말인가? 허상과, 지난 과거와 싸운다는 것이, 그것도 잠시가 아니고 일생을 당장 전투라도 벌일 태세로. 나를 낳아준 부모를 상대로.

 그녀가 쓸쓸하게 웃으며 대꾸했다.
 "그러게요. 나도 이제 모든 걸 다 잊고 털어버리고 싶어요. 나도 벗어나고 싶다고요. 근데 말입니다. 끝없는 불안과 외로움이 내게서 떠나지 않을 때 마치 엄마가 지금 나를 괴롭히는 범인인 양 엄마를 원망하는 마음이 솟아나요. 분노와 함께. 그 사람이 오늘의 내 존재를 있게 했고 오늘의 나로 만들어가지 않았냐구요. 백지처럼 태어난 내게 이런 고통과 아픔을 심어준 사람이잖아요.
 돌이켜보면 나의 유년기와 청년기는 부모로부터 벗어나기 위한 과정이었고 나의 결혼은 그로부터 탈출하려는 선택이었어요. 이제 내가 결혼에 드디어 실패한 것도 결국 만사를 부정적으로 보고 인간관계마저 편하게 이끌지 못하는 나를 만든 어머니, 그 여인 탓이라는 생각에 미칠 듯이 괴로우니 어쩌겠어요. 나 같은 괴물, 나 같은 인간이 도대체 어떻게 만들어진 것이냐구요.
 내게 그런 엄마가 아니었다면 나는 그런 남자를 선택하지 않았을 거에요. 엄마 같은 사람을 피하려다 그를 만났으니 결국 엄마가 선택해준 사람인 거죠. 암튼 엄마의 그 지독한 영향력에서 벗어나지 못하고 덫에 걸려 신음하고 허우적대는 들짐승 같아요. 나라는 존재가……."

"그런 남자라뇨?" 내가 물었다.

"나는 상대가 아무래도 좋았어요. 나만 전폭적으로 지지한다면. 내게 잘못을 따지지 않고 내가 하는 생각이면 무엇이든 옳다 하고 기뻐해 주는. 그 사람이 못 배웠든, 가진 게 없든. 나는 내가 능력 있다고 믿었고 밥을 버는 데 자신 있었으니까. 상대의 조건은 별로 문제가 되지 않았어요.

그런데 세월이 가면서 상대는 열등감에 나를 더 이상 지지해주지 않았어요. 내가 주장하면 자신을 무시해 그런다고 사사건건 분노를 표출했지요. '나보다 학벌도 경력도 잘난 네가 아예 돈을 벌어라'고 하더니 그다음엔 '네가 잘 번다고 뻐기니 내 의욕과 자존심이 무너졌다'며 싸움을 걸어 하루도 편할 날이 없었어요."

그러면서 "결국 올 것이 왔구나. 그럼 그렇지 내가 잘사는 게 어째 이상하다 했지" 하고 자조, 자학적인 자신을 발견하게 되더라고 했다. 그녀는 마치 자신이 행복하면 안 되는 사람인 양 얘기했다.

"불행했던 엄마의 삶과 닮지 않으니 이상하다"는 생각이 들었다는 것이다. 엄마의 지배로부터 완전히 벗어나 다르게 보이는 삶이 어쩐지 무언가 암시하듯 수상하고 불길하다는 생각조차 들었다고 했다.

심리치료 전문가인 로버트 캐런 역시 저서 『긴밀해지기』에서 "어머니와 갈등을 겪은 듯한 여성을 치료하다 보면 아이러니컬하게도 이들이 어머니를 강하게 본받고 있음을 발견하게 된다"면서 "그것도 어머니의 운명 중 가장 불행한 면을 물려받으며 남성이나 자신의 운명 전반에 대해 냉소를 보이기도 한다"고 주장했다. 자기 암시, 자기 최면이 작동한다는 것인가.

그녀가 자신에게 들러붙어 있는 모든 불행의 근본 원인으로 지목하는 대상은 무조건 엄마였다. 엄마에 대한 미움은 이제 자신을 사로잡는 뿌리 깊은 증오가 되어있었다.
그래서 서울에 오면 마지막으로 그녀를 만나 정식으로 작별 인사를 하고 그와 동시에 지난 과거의 기억도 모두 떠나보내고 싶었다는 것이다. 무덤에 장사지내듯.

그녀가 그 후 어머니를 만났는지 그리고 다시 캐나다로 떠났는지 나는 모른다.
다만 부디 그녀가 자신을 사로잡고 있는 '악령'에서 벗어나 나머지 인생을 행복하게 살기를 염원한다.

몇 년 후쯤 아주 밝아진 그녀를 서울 거리에서 우연히 한번 만나고 싶다.

결혼은 미친 짓 - 이혼이 어때서?

> 부드러운 사랑의 손길이 치유의 가장 절실한 성분임을
> 어느 시대나 인정받아 왔다.
>
>   - 래리 도시

이날 산사에서 만난 또 한 여성(40대 교사)도 "모든 행불행의 뿌리가 결국 유년기에 얼마나 사랑을 받고 자랐는가에 연결돼있더라"는 H의 말에 동의하면서 자신은 "한쪽이 요구하면 언제든 헤어질 수 있다는 약속과 함께 계약결혼을 하고 다른 공간에서 살면서 가끔 외로울 때 만나 사랑을 하고 밥을 함께 먹는다"고 했다.

"남들이 볼 때 자칫 문란해 보이는 이런 행동은 남녀의 사랑은 절대 믿을 것이 못 된다는 것을 어릴 때부터 삶으로 보여준 부모 때문"이라고 했다. 혹 결혼이 파탄 날 때 제 부모의 전철을 밟는다는 소리도 듣기 싫고 해서 거주지도 따로 갖고 있다는 그녀는 "엄마가 아버지를 향해 비난을 늘어놓을 때는 '당신이 내게 해준 게 뭐냐? 사내구실

도 제대로 못하면서' 했던 소리가 마치 녹음기를 틀어놓은 듯 가끔 내 귓전에서 맴돈다'고 했다.

연이어 부부가 적나라하게 들춰냈던 서로에 대한 험담에 진저리가 났다고 했다. 그래서 어릴 때부터 한 생각이 '결혼은 미친 짓이다'였고 부모의 결혼생활을 반면교사 삼아 한 자신의 결정에 절대 후회하지 않는다고 했다. 부모도 맨 처음에는 반대했으나 나중에는 이를 받아드려 공식적으로 부모와 분가할 수 있어 정말 기뻤다고 했다.

부부 사이가 안 좋을수록 딸의 이성관계에 대한 지나친 관심과 염려가 숨 막힐 듯했다는 것이다. 그녀의 아버지는 통행금지 시간을 정해놓고 교사인 그녀를 아이처럼 대했으며 이를 어길 시에는 가차 없이 회초리로 종아리를 쳤다는 것이다.

게다가 어머니는 "여자 팔자 뒤웅박 팔자다. 사랑은 무슨 말라죽을 사랑이냐. 내가 살아보니 그저 돈이 최고더라"며 "혼기를 놓쳐 늦어지면 경제적 여유가 있는 재혼남에게 가는 것도 한 방법"이라며 그의 이성 교제를 막았다는 것이다.

그녀는 아직도 "결혼은 너무 피곤한 짓이다", "결혼은 너무 어리석은 짓이다", "결혼은 불행을 자초하는 짓이다"라는 강한 부정적 생각을 갖고 있다.

그녀는 훗날을 생각해 아이를 갖고 싶기도 하나 "남녀의 성욕으로 인해 완벽하게 책임도 못질 생명을 태어나게 하는 것이 죄를 짓는 것 같아 고민 중"이라고 했다. 그녀는 "부부지만 아무래도 상대를 조심스럽게 대하다 보니 좋은 관계가 더 오래갈 수도 있다"며 만족해했다.

나는 일생 동안 수많은 사람을 만났다. 사람 만나는 게 바로 일이었으니까. 내 취재 대상이 된 절대다수는 매스컴을 타는 소위 '잘 나가는' 사람들이 대부분이었다.

그들 중 누구는 지극히 편안했고 누구는 매우 불편했다. 지위고하를 막론하고. 그래서 누구는 취재 후에도 언젠가 다시 만났으면 하고 바랐고 누구는 기사를 쓴 후 까맣게 잊어버리고자 했다. 얼굴처럼 그들의 행동과 심성은 오만가지였다.

이처럼 상대가 취재 대상이든 직장 동료든, 친구나 친척이든 관계가 물 흐르듯 쉬운 사람이 있고 쉬운 듯 애를 써도 뭔가 막힌 듯 불편한 사람들이 있다. 그리고 불편해하는 이들을 만나면서 다시 발견하게 되는 공통점이 있다. 일부는 내가 발견한 것이고 일부는 점차 가까워진 그녀들이 대화 중에 토로한 자신들이 고민거리다.

젊은 여성들 중에는 앞의 여성들처럼 부모의 울타리 밑에서 벗어나기 위한 하나의 방편으로 결혼을 선택하는 사람들이 의외로 많다. 게

다가 누가 보아도 부러움을 살만한 잘나가는 여성들이.

그녀들은 자신에게 주어진 능력을 믿고 그녀들에 대한 전폭적인 지지를 보내는 남자들에 쉽사리 빠져들고 조건에 상관없이 선택한다. 그래서 성공적인 결혼생활을 하는 사람도 있지만 그런 경우는 당연한 듯 파묻힐 것이고 그렇지 못한 경우는 세인들에 회자되는 것이다.

"내 그럴 줄 알았다. 어쩐 위험해 보이더라"며 화제에 올리는 것이 다반사다.

실제로 내 주위에는 남들이 부러워하는 좋은 조건을 가진 전문직 여성들 중 이처럼 실패를 예감케 하는 결혼을 하는 경우가 가끔 있다.

이들은 애당초 실패의 위험인자를 안고 결혼을 감행했기 때문에 실패 확률이 월등히 높은 편이다. 이들은 부모의 불화로 인한 편치 않은 가정에서 일단 벗어나고 보자는 탈출심리에서 즉흥적, 감정적으로 결혼을 결정하는 경우가 많다.

결혼 상대에 대해 숙고할 시간을 갖지 않고 상대의 조건에 별 의미를 부여하지 않아 나중 삐걱거릴 소지를 안고 출발한다.

당장은 "나를 좋아해 준다면, 그래서 내게 피난처만 제공해준다면 아무래도 좋다"고 감행했지만 막상 현실에서는 남편의 악조건들이 부각되고 주변의 남성들과 비교되면서 점차 불화로 이어진다는 것이다.

남편 역시 동등하지 못하다는 열등감에 사사건건 마찰을 빚어 실패의 여지가 그만큼 높아진다. 어떤 경우는 아무하고나 결혼해 자신을 망가뜨림으로써 부모를 아프게 하겠다는 복수심리도 작용하는 것으로 보인다. 그런 경우 자신의 불행을 마치 예비된 것인 양 당연히 여겨 문제가 생겨도 이를 개선해 결혼생활을 잘 유지해보겠다는 의지도 약하다.

애당초 "결혼은 하지만 이혼해도 별 상관없다"는 생각으로 혼인신고나 출산을 미루다 보니 부부간 결속력이 약해 작은 다툼에도 깨어질 여지가 그만큼 크다는 얘기. 또 출발부터 양가 부모의 심한 반대를 무릅쓴 경우가 많아 불화의 소지가 잠재돼 있다.

더구나 이런 불안감을 갖고 출발한 여성들은 대부분 그들 부모의 관계에서 자연스레 사랑과 화목의 노하우를 학습 받지 못해 상대를 이해하고 배려하는 데 어려움이 많다는 것. 장점보다는 상대의 단점을 들춰내는 언행으로 상대를 피곤하고 지치게 몰아간다는 것이다. 그 행위가 잘못된 줄 뻔히 알면서도 수시로 이성을 잃고 그런 행위를 거듭하는 것이다.

그들 자신 역시 수시로 깊은 죄책감과 좌절감에 휩싸인다니 곧 불행의 세습이 아니고 무엇인가 말이다.

하지만 부모 탓을 하며 이혼으로 내닫지 말고 이왕 하는 결혼, 성공적으로 유지해가자며 방안을 제시하는 사람이 있다. 영국에서 40년간 이혼 전문 변호사로 활동해오면서 부부관계를 천착해온 피오나 새클턴은 "결혼 후 파경을 맞지 않으려면 잠시의 열정적 사랑보다 끈끈한 정으로 이어지는 관계가 전제돼야 한다"고 강조한다. 시간이 좀 걸리지만 연민 어린 사랑이 굳어져야 상대의 불륜, 가족의 죽음 등 큰 역경을 함께 이겨낼 수 있다는 것.

평소 가치관·희망 등 서로의 기대치가 유사하고 현실적이어야 그런 돈독한 동반자 관계가 가능하며 이는 오랜 정성과 노력의 결과물이라고 덧붙인다.

영국에서 가장 높은 수임료를 자랑하는 새클턴의 평범한 얘기, 그 속에 답이 있다. 이미 지나간 세월 탓을 하며 섣부르고 경솔한 선택을 하지 말고 동지적, 친구 같은 남편과 아내가 되기 위해 부단히 노력하라는 얘기렷다.

자아존중감 UP↑, 관계 성공률도 UP↑

자존·자립감은 진정한 자유로 가는 유일한 길이며 최후의 보상은 나 자신을 위한 나의 것이 된다는 것.

— 패트리샤 샘슨

"자기 자신에게 호의적이고 긍정적 자기개념을 가진 사람은, 비호의적이고 부정적인 자기개념을 가진 사람에 비해 데이트 상대를 고를 때 좀 더 넓은 선택의 범위를 갖는다"는 것이 심리학자들이 공통된 견해다.

즉 자기존중감이 높고 아주 매력적이어서 자신의 조건·한계와 무관하게 여러 조건의 보다 많은 사람과 교제할 기회를 가질 수 있다는 얘기다. 그런 만큼 결혼에 보다 더 성공적일 수 있다는 말과 상통하는 것이다.

결혼생활에 문제를 보이는 경우들을 보면 유년시절 첫 대면자며 첫

사랑인 엄마와의 관계에서 실패한 사람들의 전형을 그대로 보이는 예가 대부분이다.

자신을 사랑하고 인정하는 자존감이 낮은 사람들이 보이는 특징들이 그대로 드러난다.

한 자료에 의하면 이들의 특징은 우선 작은 실수에도 마치 죽일 듯이 자신을 질책하고 채찍질하며 무슨 일에서든 장점을 보기보다는 단점만 찾으려고 한다는 것이다.

또 스스로를 무가치하게 판단해 어려운 일이 생길 때마다 "난 안 돼" 하고 미리 규정짓는다는 것. 또 칭찬과 격려에 인색하다는 것이다. 그러니 애초 문제를 안고 있는 결혼생활이 잘 유지되기는 더욱 어려워진다는 분석이 따른다.

일반적으로 사람들은 좀 가까워지면 슬슬 자신의 어려움을 토로하기 시작한다. 그중 가장 흔한 고민이 관계 맺기에 관한 것이다. "사람들과의 관계 맺기가 어색하고 힘들다"는 것. 한두 차례 만나서 헤어지는 관계는 별문제 없으나 그게 오래 지속될수록 숙제처럼 힘겹고 부담스럽다는 것이다. 그래서 이들은 어디까지나 너무 가깝지도, 멀지도 않게 인간관계를 유지해 상처받지 않는 것을 원칙으로 하고 있다고 한다. 가까워지면서 얻는 이득보다, 너무 가까워져 결국 받게 되는 상처가 더 크고 아프기 때문이라는 것이다.

사무적인 짧은 만남에서 이들은 화려한 페르소나로 자신을 멋지게 포장하고 실제로 그런 사람일 수도 있다. 단 길지 않은 시간 동안. 이들은 선하고 예의 바르며 솔직해 얼마든지 멋지고 인간다운 사람일 수 있는 것이다. 마음만 먹으면 적당히 흔쾌한 마음과 제스처로 그런 자신을 멋 낼 수도 있다.

이들은 그래서 가급적 잦은 만남을 피하고 사람들을 만나고 나면 큰일을 치른 듯 휴식이 필요하다고 했다. 또 스스로 기분이 다운되고 피곤할 때는 사람들을 피하고 혼자 있어야 편히 쉰 듯한 기분이 들어 에너지를 재충전할 수 있다고 덧붙였다. 피곤하고 우울할 때 사람을 만나 수다를 떨면서 자신의 기분을 업 시킬 수 있는 외부지향적 사람들과는 다른 부류인 것이다.

또 있다. 남이 자신에 대해 한 얘기나 자신을 향해 가진 감정에 대해 지나치게 신경을 곤두세운다. 그런 상대가 자신의 뜻에 맞지 않을 때 격한 감정을 드러내며 화를 낸다. 화를 내고는 머지않아 미안한 감정을 토로하거나 상대를 달래려고 애를 쓴다. 자기감정 절제가 용이하지 않음을 시인하는 것이다. 부지불식간에 솟아오르는 분노의 조절에 실패하고 있음을.

이들은 또 자신이 미안함이나 애정, 사랑, 우정을 주고받는 데 매우 미숙함을 인정한다.

좋은 감정을 상대에 전할 때도 마음에 있는 것을 흔쾌히 잘 전하지 못해 상대가 아쉬움을 느끼게 한다는 데 동의한다. 부끄럼을 타듯 머뭇거리다 보면 상대가 자신이 생각한 만큼의 감정을 보상받지 못해 섭섭한 느낌을 갖곤 한다는 것을 알고 있었다.

그리고 자신의 사고나 행동, 일 처리에 대해 자신감이 부족함을 인정한다. 자신에 대해 다분히 부정적이고, 일을 그르쳤을 때 자신을 비난, 원망하며 이를 다시 되돌려 기분 좋은 상태로 가는 데 시간과 힘이 많이 드는 편이다. 한마디로 역경회복지수(AQ/Adversity Quotient)가 낮은 것이다.

그리고는 순간순간 불안감을 느끼고 자신이 늘 외롭다고 토로하기도 한다. 주변에 자신을 좋아하는 사람이 있든 없든 경제적 사회적 여건이 좋은 것과 무관하게 스스로 자신을 외로움 속에 가두고 만다는 것을 인정하는 것이다.

그 오만가지 사람들의 수많은 얼굴과 표정, 시시각각 보여준 감정과 행동들을 보면서 내가 나름대로 그들의 행위를 이해하기 위해 적용한 잣대가 있다. 그건 사랑이었다. 그가 받은 사랑과 순간순간 자신도 모르게 그들이 보여준 행동의 함수관계.

첫울음을 터뜨리며 새 생명으로 이 땅에 태어난 그들에게 생명의 빛과 물인 사랑을 처음 건네준 사람, 부서질 듯 연약한 그들에게 그 첫사랑을 잃게 해 깊은 상처를 주기도 한 사람들, 그 절체절명의 이름은 '어머니'이다.

그 어머니의 사랑 여부가 이 함수관계를 푸는 열쇠였던 것이다. 듣기만 해도 그리움이 몰려오는 사랑의 동의어, '어머니!' 말이다.

어머니를 묵상하자. 눈을 감고 그 석 자만 작은 소리로 읊조려도 가슴이 편안하고 따뜻해 오지 않는가. 어머니라는 존재에 늘상 하는 기대와 학습이 그런 느낌을 갖게 하리라.

엄마, 어머니적인 것에 대한 갈망

> 딸들은 모녀간 불화 원인을 자신에게 돌리며 어머니를 미화하고 부정적 감정을 억눌러 머릿속 어머니상을 보호하려 든다.
>
> – 로라 퓨어스타인

"딸들은 누구나 종종 엄마를 비난하고 화를 내면서도 자신의 이런 감정을 부정하는 경우가 허다하다. 왜 그럴까?"

『왜 나는 엄마처럼 살아갈까』의 저자이며 미국의 심리분석 전문가인 로라 퓨어스타인은 딸들의 이 같은 질문에 대해 "사회적인 가치관 때문"이라고 자신 있게 답한다.

왜냐하면 여성이 분노를 드러내는 일 조차를 공격적이거나 파괴적으로 치부하고 특히 어머니에게 화를 내는 행위는 주위 사람들의 눈살을 찌푸리게 하는 일임을 잘 알기 때문"이라고 분석한다.

실제로 개개인의 어머니가 어떤 불미스런 행위를 보였다 해도 '어머니적(的)'인 것에 대해 도전하거나 상처를 주는 일이 패륜적인 행위라는 자책감과 불쾌감을 동반한다는 것. 더 나아가 자신의 모태인 그 뿌리를 향해 '침을 뱉는' 행위와 다르지 않다는 심리에서 기인한다고 보는 것이다. 그래서 편의와 필요에 따라 자신의 어머니를 수시로 힘들고 아프게 하면서도 "그렇지 않다"고 강하게 부정하며 사실인 듯 자신을 세뇌하고 있다는 것이다.

때론 고의적이고 가증스럽다는 생각이 들 정도로. 제 존재의 바탕을 흔들고 싶지 않다는 강한 욕망이 스스로의 객관적 판단조차 눈멀게 하는 것이다. 부정적인 감정에 직면하길 원치 않는 무의식이 그렇게 만들어간다는 것이다.

로라 퓨어스타인은 "딸들은 일종의 자기희생적 태도로 그 화의 원인을 자신에게 돌린다. 어머니를 보호하고 어머니가 우리를 위해 계속해서 여러 역할을 할 수 있게 하려는 것이다. 또 어떤 딸들은 지금은 아닐지라도 지난 시절, 즉 유년기 어머니를 높이 치켜세우고 미화함으로써 이러한 부정적인 감정들을 억누른다"고 진단했다.

외동딸인 나 역시 그의 의견에 상당 부분 동의하는 편이다. 우리는 지금 현실에서 당장 내게 영향을 주고 있는 나의 어머니. 현재가 아닌 유년시절 어머니의 과거 따뜻한 이미지, 혹은 어머니에 대해 꿈꾸고 있는 이미지, 또는 내게 상처와 아픔을 준 어머니의 미운 이미지 등 다양한 모습의 어머니상 위에 영원한 사랑의 아이콘으로 그려져 있는

'어느 작품 속의 어머니적인 것'을 덧입히려 부단히 애쓰고 있는 것이리라.

그렇게 염원하는 어머니상을 가슴속에 품으면서 우리는 가슴 깊은 저 한구석에 어떤 경우라도 나를 따뜻하게 품어줄 절대 불변의 사랑, 사막의 오아시스처럼 찾아 기대고 싶은 어머니를 직조해내는 것이다.

그래서 우리는 어머니에게 화를 내거나 비난하고 모성에 대해 이러니저러니 판단을 하는 행위 자체가 도발적, 패륜적이고 자기 혐오적인 행위라는 인식을 갖고 있다.

부모, 특히 어머니에 대한 효심을 소중하게 여겨 온 유교사회에서 모성에 도전하는 행위는 저급한 수준의 사람이 하는 고상하지 못하고 부끄러운 행위라는 생각이 오랫동안 지배해 무의식에 짙게 깔려있는 거다.

그건 곧 세상을 잘 살아오지 못한 그래서 가진 자들의 여유와 교양, 순함과 여유로움, 편안함과 느긋함, 배려의 자세와 우아함과는 거리가 먼 행위이며 곧 삶을 성공적으로 영위하지 못한 패배자임을 자인하는 꼴이라는 인식을 갖고 있는 것이다.

그래서 설령 오늘 내 '불행의 원천'이 된 엄마를 미워할지라도 그를 인정하려 들지 않는 것이리라. 이는 곧 판박이처럼 어머니와 닮은 자신을 부정하는 행위이며 엄마와 공히 실패자의 처지에 놓이게 된다는 판단 아래 두 사람의 삶을 품위 있게 성공적으로 끌어올려야 한다는 강박감이 작용하기 때문이다.

이미 불만족스럽게 지나가 버린 삶은 깨끗이 잊어야 우리의 후손들에게 긍정적인 엄마상과 행복한 유전자를 물려줄 수 있다는 강한 믿음도 함께 한 때문이리라.

언제였더라. '어머니'를 주제로 한 어느 TV프로에서 이름이 알려진 세 명의 '남자 노인'들이 나와 얘기 도중 느닷없이 동시에 흘린 눈물은 많은 시청자들을 의아하게 만들었다. "저 나이에 새삼 무슨?" 하며 진정성을 의심하는 마음도 들었다. 진심보다는 프로 진행을 위한 연기처럼 느껴졌을 정도.

70~80대에 이르는 가수 조영남, 김동건 아나운서, 김동길 전 연세대 교수 등이 얘기 도중 스스로 감정에 휩쓸린 것은 메마른 노년의 가슴을 적셔줄 '어머니적인' 그 어떤 사랑이 간절했는지도 모를 일이다. 돌아가신 그 어머니는 물론 그를 대체해줄 그 어떤 것에 대한 그리움…….

나는 가끔 어릴 적 불운했던 어머니와의 삶이 한 인간의 영혼과 전 인생에 어떤 영향을 미쳤는가를 토로하는 노래와 전기에 전율하기도 한다.

짧은 생을 마감한 엘비스 프레슬리에게 어머니의 존재가 어떠했었는지를 말해주는 전기를 접하면서다. 미국 남부의 가난한 가정에서 태어난 엘비스는 아버지의 무능과 폭력으로 유난히 어머니와 돈독한 관계를 유지했고 그런 것이 전설적인 로큰롤 스타가 된 그의 전 생애에 큰 영향을 미쳤음을 토로한 바 있다.

역시 한 시대를 풍미했던 비틀즈의 존 레넌이 어머니에 대한 애증이 담긴 노래, 'Mother(마더)'를 외마디 비명처럼 절규할 때도 그렇다.

"어머니, 나를 낳아주었지만 난 사랑 받지 못했어요 / 난 당신과 함께이길 원했지만, 당신은 날 원하지 않았죠 / 그래요 이제는 말할게요 / 떠나버리라고 굿바이 굿바이."

어머니와 얽힌 그들의 얘기는 고금을 망라한 인간 부류에게 어머니가 얼마나 대단하고 절대적인 존재인가를 새삼 깨닫게 한다.

우리는 나이·지위·재력에 무관하게, 남녀를 막론하고 죽을 때까지 항상 그런 사랑에 치명적으로 허약하고 늘 목마른 것이다.

엄마의 사랑은 그녀와 나의 관계가 어쨌든 좀처럼 다가갈 수 없으나 갈 수밖에 없는 곳으로의 '회귀본능'을 발동시키는 것이다. 내가 태어난 곳, 내가 의지할 것, 내가 목숨을 내놓을 정도로 소중한 그 어떤 곳으로의 회귀!

어머니 콤플렉스 - 긍정의 힘이 되게 하라

콤플렉스는 노력하면 자아 발전의 강력한 촉진제로 긍정적 전환이 가능하다.

- 알프레드 아들러

"내 인생 이렇게 된 거, 다 엄마 탓이야."

잘되면 내 덕분, 잘못되면 무조건 엄마 탓을 하는 여성들이 주위에 의외로 많다.

나 역시 예외가 아니다. 간헐적이긴 하지만 평소 다분히 비관적 모드에 사로잡혀 있는 나 자신의 그 성향이 내 조상, 특히 엄마로부터 유래됐다고 투덜대는 걸 피할 수 없으니 말이다.

그야말로 출생은 물론 유전인자, 성장 환경까지 물려준 엄마와의 애착관계가 훌륭하지 못했다는 일종의 열등감, 즉 콤플렉스가 무의식 속에서 늘 꿈틀대고 있음을 느끼기 때문이다.

그만하면 쓸 만한 환경과 배경, 경제적 풍요 속에 자라면서 기득권의 이득을 많이 누렸으면서도 열등감 운운하는 것은 수시로 나를 지배하는 무력감과 불행감 때문이다.

수시로 나를 괴롭히는 그 원인의 출처를 달리 찾을 수 없기 때문이기도 하다.

흔히 콤플렉스 없는 사람이 없다고 말한다. 과연 콤플렉스란 어떤 상황을 의미하는가.

사전적 풀이는 이렇다.

"개인의 현실적인 행동이나 지각에 영향을 미치는 무의식의 감정적 관념, 인간의 행위에 큰 영향을 미치는 욕망이나 기억을 뜻한다. 또한 억압된 불쾌한 생각, 또는 감정적 색채를 띤 표상이다."

정신분석학에서는 콤플렉스는 무의식적인 것으로, 심하면 꿈과 히스테리 증상을 일으킨다고 분석하고 있다. 이런 사전적 정의에 따를 경우 개인의 탄생과 성장 과정을 도맡는 어머니의 막강한 영향력이 무엇보다 콤플렉스의 유·무를 가리는데 결정적일 것이라는 강한 믿음이 생긴다.

과연 어머니로부터 자유로운 사람이 세상에 존재할까. 그렇다면 어머니와 행복하고 즐거운 애착관계를 맺어 그 영향이 긍정적으로 작용해 좋은 결과로 귀결될 때는 긍정적인 '어머니 콤플렉스'가 있다고 할 수 있을 것이다.

'인간의 가장 큰 심리적 과제는 콤플렉스 극복'이라고 말한 심리학의 거장 알프레드 아들러(오스트리아, 1870~1937)는 콤플렉스가 자아 발전의 강력한 촉진제가 되기도 한다고 강조한다. 열등감을 시인, 공개해 타인의 시선으로부터 자유로워진 후 그를 만회하기 위한 극복의 노력을 기울이면 긍정적 전환이 가능하다는 것이 그의 주장이다.

'개인심리학'을 개척한 그는 인간의 행동과 발달을 결정하는 것은 인간의 보편적인 열등감, 무력감과 이를 극복하려는 권력에의 의지, 즉 열등감에 대한 보상욕구라고 설파했다.

하지만 대부분의 사람들이 자신을 낳고 기른 어머니의 생활 방식을 그대로 따라 하면서 그걸 못마땅하게 여기고 불행해 한다면 부정적인 의미의 '어머니 콤플렉스'가 있는 것이라고 학자들은 말한다.

각자 삶을 영위하면서 그 궤적을 되돌아보면 결코 어머니로부터 얻은 긍정적 혹은 부정적 콤플렉스로부터 자유로운 사람이 존재할까 하는 생각이 들게 마련이다.

30여 년간 인간의 감정 분야에 대해 심리치료를 해온 베레나 카스트(스위스 심리분석가, 국제분석 심리학회 회장 역임)의 얘기를 들어보자.

인간의 슬픔, 불안, 기쁨, 질투 등에 일생을 천착해온 그는 저서 『콤플렉스의 탄생, 어머니 콤플렉스 아버지 콤플렉스』에서 긍정적인 '어머니 콤플렉스'를 가진 사람들이 근본적으로 자신과 타인의 삶을 풍요롭게 하는 존재들이라고 말한다.

이들은 신뢰감 속에서 마음의 문을 활짝 열어젖히고 "당신도 살고 다른 사람도 잘살게 하라", "당신도 즐기고 타인도 즐기게 하라"는 좌우명을 갖고 살아간다고 전한다.

이들은 사랑하고 사랑받을 권리, 자기 자리를 확고히 가질 권리, 자신을 실현하고 삶의 풍요를 누릴 권리가 있다는 자신감을 갖게 돼 삶이 순탄하고 평화롭게 진행된다는 것이다.
외부적으로 주어지는 고난도 이들 앞에서는 '그럼에도 불구하고……. 뭐가 어때서?' 하는 긍정의 양상으로 바뀐다는 것이다.

대부분 친절하고 베풀기를 좋아하고 감정이입 능력이 뛰어난 특성을 보유하고 있으니 폭넓은 사랑을 받을 사람이 될 가능성이 크다는 것이다.
물론 때로는 "어떻게든 다 잘 될 거야" 하는 믿음이 지나쳐 자신이 갖고 태어난 상상력과 창조적 가능성을 사장시키고 단순 공상가에 그치는 경우도 꽤 있어 문제이기도 하지만.

긍정적인 어머니 콤플렉스는 다른 어떤 것보다 자아를 중요시하고 모든 것을 자아의 의식적 만족을 위해 희생하게 하려는 태도를 보이는 '자아 콤플렉스(Ego complex)'로 발전할 가능성도 있다는 우려의 시선도 있다.

험한 세상을 살아가는 데 원동력과 기폭제가 될 수 있지만 자신이 처한 현실이 변해도 "나는 이런 직함을 가졌어", "나는 학벌이 이런 사람이야", "우리 집안은 이렇게 대단했어" 하는 식의 지난 세월에 대한 집착을 떨치지 못하고 스스로를 '인식의 덫'에 가둘 경우 불만과 불행이 찾아든다는 지적도 있다.

하지만 나 자신에 대한 집착과 아집을 버리고 먼저 사랑과 배려의 첫 발걸음을 옮긴다면 거짓말처럼 '자아콤플렉스'가 치유의 선순환 고리를 만든다는 것이다.

부디 나 자신을 포함한 이 땅의 여성들이 부정적 '어머니 콤플렉스'에 사로잡혀 스스로 과거의 덫에 갇히는 우매함에서 벗어나길 바란다.

내가 가끔 가져다 자기 변명용으로 삼는, 심리학자 아들러의 이론이 있다.

부정적 어머니 콤플렉스를 운운하는 것은 이기적인 인간이 자신의 합리화를 위한 목적을 갖고 경우에 따라 편의대로 가져다 붙이는 거라는 '목적론' 말이다. 나 자신 역시 그의 주장에서 자유로울 수 없음을 인정하고 인정한다.

『나는 착한 딸을 그만두기로 했다』의 저자(아사쿠라 마유미·노부타 사요코)는 엄마 또는 가족으로부터 신체적·정서적으로 독립해야 할 필요가 있는 사람이 갖는 태도를 6가지로 정리해 저서에 풀어놓았다.

즉 오랜만에 엄마나 아빠를 만나면 금방 지친다 / 부재중 전화표시에 부모가 있으면 짜증이 난다 / 하고 싶은 일도 부모가 반대하면 마음이 흔들린다 / '절대 엄마처럼 살지 않을 거야' 다짐한다 / 어떤 문제가 생기면 다 '내 잘못 같다'고 여긴다 / 엄마 때문에 결혼·출산이 두렵다 등인데 이 중 하나라도 해당되면 스스로 독립을 시도하는 것이 바람직하다고 권유한다.

저자는 엄마와 딸은 혈연으로 맺어진 관계지만 엄연히 가치관이 다른 타인이라는 생각을 해야 한다고 주장한다. 딸은 엄마에게 인정받고 싶어하는 집착을 그 안에 지니고 있으며 엄마는 딸이 항상 자신의 테두리 안에 있어야 한다는 환상을 지키려 하므로 누구에게도 얽매이지 않고 행복한 자신으로 살려면 엄마와의 심리적 거리 두기가 필수라고 지적한다.

부디 어머니로부터 찬연하게 독립해보자. 그래서 내 어머니 역시 험난하고 질곡된 삶을 살아 그 자신 '어머니 콤플렉스'에서 벗어나질 못했다는 측은지심을 갖자. 그리고 어머니를 향한 '윗사랑'은 물론 내 자식에게는 '내리사랑'을 열심히 실천해 봄은 어떨지⋯⋯.

어머니의 세월
엄마, 미안해요
약해지지 마
엄마의 전화기
이별 연습
생전 장례식
어머니의 귀 - 잠들지 못하는 파수꾼
어머니의 마지막 여행
엄마탓 고질병
웃고 있어도 눈물이 - 초라한 생신상
딸아, 나 어디서 살까?
엄마의 버킷리스트
내리사랑은 이제 그만 - 어머니를 위한 궁리들
어머니, 울지 마세요
죽음을 기억하라 - 메멘토 모리
엄마, 우리 나무로 태어나 숲에서 만나요

III.
엄마가 사라지기 전에

어머니의 세월

*사랑한다는 것은 존중하고 책임감을 느끼고
이해하고 주는 것이다.*

- 에리히 프롬

"난 부러울 게 없어. 내 아들딸들은 세상에서 가장 효자, 효녀야."
어머니는 수시로 독백인 양 혼자 이런 말씀을 되뇌신다.
나는 안다. 이 말이 어머니 스스로에 대한 다짐이며 최면인 것을.
자식도 다 별수 없는 존재라는 것을, 인생은 그래서 철저히 혼자라는 걸.

그래도 자식이 방을 내주고 먹을 것을 공급하니 이게 어디며 그나마 다행이니 감사해야 한다는 것을……. 그래야 쓸쓸하고 우울한 마음을 달랠 수 있다는 것을.
그때, 딸자식인 나, 어머니의 '보호자'로 등록된 나는 "내가 또 무언가 실수했구나, 무언가 섭섭하게 해 드린 것이 아닌가?" 뒤돌아보게 된다.

어머니는 아주 오래전 세월 속에 살고 계시다.

쪼그라진 육신은 매일매일 현재의 시간을 버텨내면서 마음은 아주 어리고 젊은 시절을 살고 계신 거다. 온몸에 거미줄 같은 주름이 덮여 있는 늙은 육신 한가운데 한 어린이가 똬리를 틀고 헤어나오지 못하는 것이다. 가끔은 현기증이 일어난다. 늙음이 태어난 곳으로 다시 돌아가는 순환의 과정이라는 것을 말해 주려는 듯하다.

어릴 적 당신을 아기처럼 보살폈던 오래전 돌아가신 당신의 어머니, 그 어머니가 해준 흰 쌀죽과 녹두죽, 참게장, 팥인절미 등 오래전 음식이 어머니의 주된 관심사이다. 아플 때, 입맛이 없을 때, 밥상을 받을 때마다 가끔 자신도 모르게 들어내는 얘기 소재다. 꼭 그것이 아닐지라도 무언가 엄마의 손맛이 담긴, 아주 맛있는 그 무엇을 찾고 계시는 걸까.

내가 차려드린 밥상을 그대로 물릴 때 나의 반응은 자못 신경질적이다.

"엄마 그건 70년 전 얘기야. 먹을 것이 드문 시절이라 맛있었던 거야. 지금 얼마나 먹을 것이 많은데……"

무엇보다 손맛이, 밑간이, 요리하는 방식이 다 안 맞는다는 어머니의 심정을 우회적으로 표현하시는 것이기도 하다. 게다가 그나마 닳고 닳은 어머니의 틀니는 이제 제대로 씹어 맛보는 재미를 앗아가 버렸다. 그래도 딸은 고민하지 않는다. 그저 힘들게 한 음식이 되돌아온 게 억울하고 화날 뿐이다. 퉁명함이 얼굴 가득 넘친다.

어머니의 몸무게는 34kg, 키는 젊었을 때보다 7cm 이상 줄었다 하니 140여cm일까. 심한 골다공증으로 허리가 90도로 꺾였다. 드시는 밥의 양은 햇볕에 말라가는 작은 종지에 담긴 고양이 밥과 흡사하다.

어머니의 집을 대충 처분하고 내 집, 내 방으로 가져온 어머니의 세간은 침대 하나와 옷 몇 가지뿐이다.
나머지는 필요한대로 딸의 살림살이로 임시 채웠다.
"이제 아무것도 필요 없어." 그렇게 어머니의 정든 살림살이들은 폐기 처분됐다.

잘 맞지 않아 달가닥거리는 어머니의 틀니와 초점이 맞지 않아 눈이 희미하다는 어머니의 돋보기는 더는 얘깃거리도 안된다.

어머니는 삶의 출구를 바라보며 잉여의 세월을 때우고 계신 거다.
안개 자욱한 거리를 헤매고 있는 거다. 안개가 걷히는 어느 알 수 없는 날을 기다리며.
병 든 어머니가 의지하는 것은 낡은 지팡이 하나, 시끄러운 세상사만 전하는 오래된 TV 한 대, 지금은 읽을 수 없지만 닳고 닳은 성경에 밑줄 그어진 말씀 몇 마디이다.

몸을 앞뒤로 흔들며 그 몇 줄을 매일, 수도 없이 반복하신다.

"오직 여호와를 앙망하는 자는 새 힘을 얻으리니 독수리의 날개 치며 올라감 같을 것이요. 달음박질하여도 곤비하지 아니하겠고 걸어가도 피곤치 아니하리로다……. 피곤한 자에게는 능력을 주시며 무능한 자에게는 힘을 더 하시나니……. 수고하고 무거운 짐진 자들아 다 내게로 오라 내가 너희를 쉬게 하리라……."

눈을 감은 어머니의 표정은 몰입하며 어딘가 닿고 있다는 느낌이 든다. 부디 어머니가 그 순간만이라도 은혜로운 하늘의 응답을 경험하시기를 바란다. 그 순간만이라도 이생의 고단함을 잊고 평화로운 어딘가를 상상으로나마 느끼시길 빌어본다.

엄마, 미안해요

사랑한다는 것은 자기를 초월하는 것이다.

– 오스카 와일드

"으응, 잘 다녀오렴", "그래, 아휴······. 힘들어서 어쩌니?"

새벽에 일어나 거실에서 얼굴을 마주거나 내가 출근할 때 어머니는 늘 기운 없고 걱정이 가득한 목소리로 가엾다는 듯 내게 한숨과 함께 인사를 하신다.

사위가 나갈 때도 한숨 섞인 인사를 한다. 그게 자식을 염려하고 배려하는 마음을 전하겠다는 표현이란 걸 나는 안다. 하지만 그 한숨 소리를 들으면 순간 경기 일으키듯 짜증스런 반응을 나도 모르게 하게 된다. 마치 밥숟가락으로 놋쇠 주발을 긁는 소리를 들을 때처럼.

"엄마, 또 그러시네. 제발 그 한숨 좀 안 쉴 수 없어? 미안하지만 제

발 그래 주세요. 가슴이 철렁하고 금방 우울한 기분이 돼요."
 어머니는 슬픈 얼굴로 방으로 들어가시며 중얼거린다. "네가 힘들까 봐 내가 그러는데……. 네가 나를 부담스러워 하는구나. 그래, 늙은이는 혼자 살아야 하는 거야……."

 "아침부터 한숨 내쉬지 말아달라는데 내가 뭐 잘못 요구하는 거유? 일어나자마자 엄마 한숨 소리를 들으면 가슴이 덜컹하면서 기분이 별안간 폭 꺼져. 내가 원하는 건 그냥 엄마, 하이! 잘 잤니? 그렇게 말하고 웃으면서 하루를 시작하자는 거야 엄마."

 "그래, 네가 내 모든 게 못마땅한 거지 뭐……."
 이렇게 나와 엄마의 언쟁은 시작된다. 어머니가 혼자 사시다 뇌졸중으로 쓰러져 수술을 받은 후 거동이 불편해 딸인 내 집으로 거처를 옮기시면서부터다.

 "엄마, 그렇게 얘기하지 마. 못마땅해서 그러는 게 아냐. 내 말이 잘못됐어요? 아침에 환하게 웃으며 시작하자는 말이?" 나는 한마디도 거르지 않고 대꾸한다. 못됐다. 나도 내가 밉다. 그런데 집안에 환자를 모시면서 매일 앓는 소리를 접하다 보면 마치 신경줄이 닳고 닳아 얇아진 듯 끊어질 듯 예민해지나 보다.

 게다가 집안에 좋지 않은 일이 연이어 일어나 집안 분위기가 무겁게 내려앉아 있을 때 어머니의 한숨 소리는 힘들게 다잡은 마음을 무너지게 한다. 그 순간의 한숨 소리가 그렇게 부정적 파동을 몰고 오는지 예전엔 정말 몰랐다.

그리고 어머니가 말을 시작할 때마다 효과음을 치듯 이렇게 가슴이 무너질 듯 한숨을 자주 쉬신다는 것 역시 예전에 미처 몰랐다.

내가 어머니를 우리 집에 모시기 전까지는 어머니를 자주 뵐 기회가 없고 내 일에 정신이 팔려 어머니의 심기를 가늠할 여유가 없어서였는지도 모른다. 게다가 뇌졸중의 후유증을 앓고 있는 어머니의 가슴속에 불편한 마음이 목젖까지 차 있어 자연스레 그런 한숨이 토해지는 것일 게다.

나는 이렇게 매몰차게 엄마를 몰아가 그분을 슬프게 만드는 한심한 딸이 됐다. 마음이 무겁다. 사람은 어려울 때 그 진가가 보인다는데 이만한 어려움에 엄마에게 보이는 내 태도는 스스로 실망스럽고 죄책감이 느껴질 정도로 창피스러운 것이다. 인내심이 바닥이다.

이렇게 엄마와 내가 자주 충돌하는 것은 두 사람 다 마음에 여유가 없기 때문이라는 걸 나는 안다. 어머니가 천장이 무너질 듯이 자주 한숨을 쉬는 것이 나의 감춰진 모습이며 미래의 모습이라는 걸 나는 알고 있다.

다만 지금 어머니가 그런 모습을 보이고 내가 거기에 제동을 거는 것은 내 상황이 연로하신 엄마보다 덜 불편해 표출이 덜 되고 있을 뿐이라는 것을.

어머니는 지금 인생에서 가장 힘들고 외로운 터널을 통과하고 계시니까. 자기 몸을 제대로 추스르지 못해 타인의 도움을 받아야 하는 병든 몸, 언제 닥칠지 모르는 죽음을 기다리며 불확실한 미래를 희망 없이 살아가는 어머니의 상황이 된다면 나는 아마 제풀에 질려 얼마나 약한 모습을 보일까 우려된다.

"어머니 죄송합니다. 용서하세요." 간혹 내 마음에 이는 언어다. 이건 어디까지 진심인가. 나를 못 믿게 됐다.
어머니를 향한 치기 어린 행동들에 스스로 실망하기에 그 진정성을 스스로 의심하게 되는 것이다. 이거야 참!

약해지지 마

*햇살과 산들바람은 한쪽 편만 들지 않아.
괴로운 일이 있었지만 난 삶이 있어서 좋았어.
너도 약해지지 마.*

- 시바타 도요

   어머니의 시간들이 지루하고 고단해 보일 때 난 가끔 어머니를 응원하기 위해 우리 어머니보다 20살이나 위이면서 아주 씩씩한 삶을 살았던 시바타 도요 할머니(일본인 101세로 2013년 작고)를 얘기하곤 했다.
   그러니까 1911년 일본에서 태어나 전업주부로 살다가 81세에 남편과 사별 후 홀로 시를 쓰며 외로움을 달래온 그분을.

   우연히 한 신문에 기고한 글이 계기가 되어 98세의 연세에 자신의 장례비를 털어 시집『약해지지 마』를 발간하고 일본, 한국 등 국내외에서 모두 수백만 권이 팔리는 베스트셀러 시인이 돼 '대박을 쳤다'는 얘기 말이다.

우리나라에도 번역돼 소개된 그 시집을 사다가 손에 쥐여드리면서
"엄마 큰언니뻘 되는 그분도 씩씩하게 살았지 않수" 하며 엄마의 표정
을 살핀다.
"엄마처럼 부잣집 외동딸이었다네. 돌아가시기 전에 그 할머니 수십
억 벌어 뭐 하셨을까?"

평소 자식에게 한 푼이라도 더 남기고 싶어 돈 한 푼 허투루 쓰시
지 않는 엄마가 순간 정신이 번쩍 든 표정을 하신다.

글씨도 크고 시도 짧으니 요즘도 가끔 들여다보신다. 어머니는 햇살
이 방에 가득한 날이면 돋보기를 꺼내 어린이 동화책 보듯 뒤적이신다.
탄력을 잃은 목소리로 엄마는 울듯 말듯 떨리는 목소리로 혼자 시를
낭송하곤 한다. 요즘은 그 할머니가 돌아가셔서 그 모습이 더 슬프다.

"있잖아, 불행하다고 / 한숨 쉬지 마 / 돈 있고 권력 있고 그럴 듯
해 보여도 / 외롭고 힘들긴 다 마찬가지야 / 햇살과 산들바람은 / 한
쪽 편만 들지 않아 / 꿈은 평등하게 꿀 수 있는 거야 / 난 괴로운 일이
많았지만 / 살아있어 좋았어 / 너도 약해지지 마"(by 시바타 도요)

어머니가 세상 소풍 끝낸 어느 날 "그래도 딸아, 네가 있어 괜찮았
어……. 나도 삶이 있어서 좋았어……." 그래 주시길 바란다.

누구에게나 유전하는 인생의 피할 수 없는 과정, 타인의 힘에 의지하는 말년의 세상이 얼마나 고통스럽고 지루하고 외로운지 이 딸도 머지않아 알게 되리라.

엄마의 전화기

Amor fati!(네 운명을 사랑하라), 삶은 순간이다.
— F. W. 니체

　어머니는 수시로 전화를 만지작거리신다. 아주 오래된 폴더폰에 어머니를 찾는 전화가 거의 없는데 애지중지하신다. 아마도 늘 바쁜 탓인지 어쩌다 걸려오는 아들의 전화를 기다리시는지도 모른다. 어머니는 그런 물음에 "아니, 아냐……"라며 말끝을 흐리신다.

　마치 고개 저 너머에서 누군가 불현듯 나타날지 모른다는 기대로 하염없이 동구 밖 시골길에 눈길을 주었던 내 친할머니의 모습과 닮아 있다. 가끔은 내게 전화기를 내밀고 이상이 없나 물어보신다.

　어머니의 폴더폰에는 늘 수십 개의 문자와 부재중 전화가 쌓여있다. 내가 가끔 청소해 제로 상태로 만들어 드린다. 거의 전부가 광고, 안내

성 전화다.

물론 딸과 아들에게서 온, 못 받은 전화가 그다음이다.

이제 많은 친구들이 돌아가셨고 새삼 안부를 물어올 정도로 정신이 또렷한 분이 없는 탓이다. 내 코가 석 자, 내 몸도 건사하기 힘든데 남의 안부에 신경 쓸 일이 없는 탓이리라.

가끔 돌아가신 부모를 대신해 어머니 친구분 전화기에 등록된 번호로 그분의 죽음을 알리는 자식들의 문자도 발견된다. 어떤 때는 돌아가신 지 한참 후에 발견하게 된다. 그 소식을 뒤늦게 접한 어머니의 반응은 별 요동이 없다. 그러려니 하신다.

"아~ 이제 너도 갔으니 나도 가야지⋯⋯." 그런 표정이다.

어떤 때는 문자 쌓인 것을 일일이 볼 것도 없다는 듯 딸자식인 내가 그냥 한 번에 몽땅 날려버린다. 그러니 어쩜 어머니는 친구나 지인이 돌아가신 지도 모르고 그들을 가끔 떠올리며 그리워할지도 모를 일이다. 그래도 제 일에 코를 박고 늘 종종대는 못된 딸은 수십 개의 때 지난 문자를 일일이 읽어 확인할 생각이 별로 없다.

그렇게 내 어머니는 이 세상과 친구들과 단절돼 간다.

이제 하루 건너라도 전화기에 쌓이는 묵은 정보를 점검해 적어도 돌아가신 친구분의 명복이라도 빌게 해 드려야지 하면서도 그게 잘 안된다. 더구나 혼자 자유롭게 사시겠다며 얼마 전 딸네 집을 나가셔서 자발적 '독거노인'이 된 어머니를 나 역시 만나기 쉽지 않으니까.

더구나 어머니의 몸 상태는 혹 친구 장례식에라도 참석할 수 있는 정도가 못된다. 아니 친구들의 죽음이 어머니를 깊은 상심과 슬픔으로 몰아넣으니 굳이 알리지 않는 게 어머니를 보호하는 길이라 여기리라.

어머니 친구들은, 아니 대부분의 노인들은 이제 가까운 친구 장례식에도 가지 않는 게 상례화 돼 있다. 자식들이 말려서다. 친구의 죽음과 그 슬픔이 노인에게 충격을 줄 수도 있고 상주들에게도 노인의 출현이 불편을 줄 것 같아 그러는 것인가 보다. 본인 역시 그 현장에서 그 이별의 슬픔을 견뎌내는 것이 힘든 모양이다.

나는 얼마 전 장례를 치른 어머니의 절친인 그분의 사망을 숨기고 있다. 전화 좀 해서 바꿔보라 하면 그분이 이제 전화를 잘 안 받는다, 귀가 안 들려 대꾸를 못한다며 엉뚱한 대답을 한다. 그런 괘씸한 연극이 얼마나 갈지 모르겠다.

그러나 나는 다짐한다. 나는 늙어서 결코 그러지 않으리라고. 누가 돌아갔는지 눈을 부릅뜨고 밝힐 것이며 가서 울다가 숨이 막히는 일이 있을지라도 누구누구의 장례식에는 기필코 가리라. 그리고 가는 그 친구의 귀에 대고 사랑했노라 고마웠노라 전하리라.

훗날 다시 곧 만나자고 다짐하리라.

그러나 점차 자신이 없다. 한 치 앞의 사람 일도 현재로썬 다 모를 일이기에. 그런 다짐이 그때 그대로 이루어질지 말이다.
내 어머니도 내 나이엔 아마 그런 다짐을 하셨으리라.
날이 갈수록 시침이 뜀박질하고, 하루가 빨라지고 있다.
"Amor fati!(네 운명을 사랑하라)"를 외치며 확실히 내 것인 이 순간을 살아내리라.
"Life is just a moment!"라고 말하지 않던가. 당신이 사는 한순간 외에는 아무것도 그대 것이라 보장할 수 있는 것은 없는 거라고.

이별 연습

사랑하는 것은 천국을 슬쩍 엿볼 수 있는 일이다.

- 카렌 선드

그분, 아주 여리여리한 잿불이 스러져가듯 조용히 숨을 거두셨습니다. 하늘이 주신 소중한 생명인지라 남김없이 모두 소진하신 겁니다. 삼가 어머니의 다정한 친구이자 '형님', 김순직 여사님의 명복을 빕니다.

허리뼈가 주저앉아 침대에 묶여 오랫동안 고통을 참으시면서도 "괜찮아. 난 이겨낼 수 있어"라며 간병하던 딸을 늘 위로하고 웃음을 잃지 않으셨던 그분, 이제 하늘의 품으로 가시면서 오랜 고통을 끝내셨습니다.

예비된 어느 시간이 다가온 듯 마지막쯤엔 곡기를 마다하시고 수시로 깜빡깜빡하시면서 "내 딸아, 미안하지만 혹 내가 너를 못 알아볼 수도 있어. 어쩌지?" 그러시면서 말입니다.

사랑하는 자식들의 자애로운 어머니였던 그분이 슬픔보다는 웃음 속 이별을 원하실 것 같아 다들 가능한 한 눈물짓지 않으려 합니다. 그분은 평소 어떤 어려움도 의연한 웃음으로, "괜찮아, 정말 문제없어" 하시면서 헤쳐나가야 함을 온 생애를 통해 얘기하려 하셨으니까요.

오래전 천국으로 가셔서 아내와의 해후를 손꼽아 기다리셨을 그분의 다정했던 남편과 만나 얼마나 두 분 행복하셨을까요. 그 두 분의 낭랑했던 웃음소리도 들리는 듯합니다.

천국 문이 열리는 11월 중순 그날 오전, 장지의 햇살은 봄날처럼 화사했고 이승을 완전히 떠나신 이후 하늘에선 예기치 않은 올겨울 첫눈이 내렸습니다. 눈이 내리기엔 아직 이르지만 마치 이때를 기다려 준비했다는 듯이, 미리 반가운 선물을 건네듯이……

모두들, 신기한 듯 얼굴을 있는 대로 젖혀 하늘을 올려다보았습니다. 그건 분명 이 땅과 하늘을 눈발로 이으려는 성스럽고 뜻밖인 예식이었습니다. 이승과 저승은 그리 먼 곳이 아니고 우리는 살면서 저승으로의 여행을 계속하고 있었다는 것을 새삼 알리려는 듯이.

상서로운 눈발은 나풀나풀 리듬을 탄 듯 천천히, 가볍게, 유희하듯 장난스럽게 내렸습니다.

"얘들아, 죽음은 삶의 또 다른 모습이며 세상은 여전히 아름답고 살아볼 만한 은총이었으니 우리들의 이별을 너무 무겁게 생각하지 않았으면 한다"는 그분의 전언인 양 말입니다.

제 어머니께는 그분이 떠나셨음을 알리지 않았습니다. 그분은 한동안 우리 어머니 머릿속에 혼수상태로 중환자실에 계시는 것으로 돼 있을 겁니다. 일생 서로 사랑하고 의지했던 그분의 죽음이 남겨진 사람에게는 견디지 못할 상실감이 될 수도 있을 것 같아서입니다.

또 그분의 타계를 접한 어머니의 아픈 가슴에 홀로 가는 먼 길에 대한 두려움이 덧씌워질까 두렵기 때문입니다.

이렇게 우리는 때때로 이별을 연습하면서 어떻게 살고 사랑해야 하는지 삶의 자세를 가다듬곤 합니다. 평소에도 베풀기를 좋아하셨던 그분, 떠나시면서 남긴 선물입니다.

[이 글은 제 어머니의 다정한 친구인 김 여사님의 장례식장에서 그분을 기억하는 사람들에게 소식을 전하기 위해 SNS에 띄운 글입니다. 제 어머니는 그분이 여전히 투병 중인 것으로 알고 '보고 싶다' 얘기하십니다.]

생전 장례식

인생은 인연으로 만든 하나의 매듭, 그물이다.
중요한 것은 이런 인연들뿐이다.

- 앙투안 드 생텍쥐페리

하루가 멀다 하고 달라지는 어머니를 뵐 때마다 한 번 떠나시면 영영 만날 수 없는 이별이 멀지 않았다는 느낌을 받곤 한다. 그야말로 인명은 하늘에 달렸다니 어느 날 졸지에 들이닥칠 가혹한 순간을 그냥 막무가내로 당한다는 것은 너무 무책임, 무기력, 무참하다는 생각이 든다.

인간이 태어날 때는 엄마 배 속에 있는 아가를 10개월간 기다리면서 갖가지 준비를 하는 것과는 다르고 다르다.

다시는 만나 볼 수 없는 영구한 이별인데도 경황없이 마치 숙제처럼 해치우는 듯한 장례 절차는 너무 마구잡이임을 부인하지 않을 수 없다. 그 형식적인 2박 3일의 조문 일정은 망자를 추모하는 자리라기

보다는 마치 그간 못 만났던 사람들이 죽음을 계기로 해후하는 자리로서의 성격이 강하다. 망자를 추모하는 숙연함보다는 밥을 나누는 식당처럼 번잡함이 자리할 때도 적지 않다. 살아남은 자의 바쁜 일상을 위하여. 그러나 세상에 어떤 죽음도 호상은 없다.

우리를 낳고 장구한 세월, 희로애락을 같이 한 그 엄청난 숙명의 사람이 흔적도 없이 영구히 사라졌는데 어찌 호상이라 할 수 있는가 말이다.

내가 느끼는 그런 식의 아쉬움 때문일까. 최근에는 죽어가는 당사자가 죽기 전 이별을 준비하는 모임을 마련하기도 해 좋은 반응을 얻고 있다.

지난 2017년 10월, 일본 니혼게이자이 신문 사회면에는 작은 광고 하나가 실려 사람들의 눈길을 끌었다. 광고는 '감사의 모임' 형식이지만 한마디로 '생전 장례식'을 치르겠다는 얘기였다. 즉 "나 죽기 전에 보고 싶은 사람들에게 밥 한 끼 대접하며 감사함을 전하고 싶다"는 것으로 요약된다.

광고를 낸 사람은 일본 건설기계 분야 대기업인 고마쓰에서 사장을 지낸 안자키 사토루(安琦曉) 씨. 암 환자인 그는 치료 불가라는 진단을 받고 항암 치료 대신 건강할 때 만나고 싶은 사람들에게 감사와 이별을 나누는 자리를 갖겠다는 계획을 실천에 옮겼다.

그는 참석자들과 추억이 담긴 사진을 스크린을 통해 보며 함께했던 세월들을 반추했다. 일일이 테이블을 돌면서 한 사람 한 사람과 악수를 나누면서 작별의 인사를 했다. 참석 지인들은 "이런 행위가 인생의 끝을 수동적으로 당하는 것이 아니라 능동적으로 인생의 마침표를 찍는 행위"라는 소감을 전했단다.

일본에서는 이처럼 인생을 마무리하는 활동이 '슈카쓰(終活)'라는 이름으로 2010년대 들어 활발해지고 있다고 한다. 죽음에 대비해 연명 치료의 여부, 장례 절차, 지인에게 전달할 편지 등을 기록하는 엔딩 노트가 유행하기도 했다. 슈카쓰산업 시장 규모는 연간 약 10조 원대로 추정된다는 것.

우리나라에서도 교육자 출신인 한 사람이 최근 서울의 어느 미술관에서 자신의 세 번째 생전 장례식을 치렀다는 보도가 있었다. '내가 죽으면 문상객들이 부조금을 들고 찾아오겠지만 그게 무슨 의미가 있을까? 나를 볼 수도 없을 텐데' 그는 이런 생각에 지인들을 그룹으로 나눠 5번에 걸쳐 밥 한 끼를 대접하고 떠나겠다는 생전 장례식을 계획했고 최근 그중 세 번째를 마쳤다는 것이다.

그 소식을 접하고 난 후 나 역시 연로하신 어머니를 위한 작은 만남의 모임을 계획하고 있다. 거동이 불편해 거의 외출을 할 수 없는 노인에게 적합한 모임 말이다.

어머니가 만나보고 싶어 하는 친지들을 몇 그룹으로 나누어 식사 자리를 마련하고 담소를 나누는 일이다. 우선은 어머니의 친구분들을 대상으로 하루 정도 머물며 식사와 잠을 함께하시는 '파자마 파티'다. 그분들의 자제분들에게 양해를 구하고 모셔와야 한다.

어느 분은 자식 집을 몇 개월씩 전전하는 분도 계시고, 누구는 요양원에, 어느 분은 호텔급 실버홈에, 누구는 치매로 요양병원에 계신다. 다양한 노후를 맞이하고 있는 것이다.

어머니와 헤어지는 그 날, 어머니가 마지막에 만났던 그분들에게 정성이 담긴 자그마한 봉투라도 드릴 수 있기를 소망한다. 그 돈을 쓰면서 그분들이 누군가를 기쁘게 하는 일을 하셨으면 해서이다. 혹 그분들이 여생을 살면서 어머니와의 이별을 가끔 떠올리며 가슴 한편이 훈훈해지면 좋겠기에.

우리 어머니가 만나고 싶은 사람들은 과연 몇 명이나 될까. 나는 우리 어머니 연세에 과연 어떤 모습으로 어디에서 살고 있을까. 그리고 과연 몇 사람이나 만나고 싶은 사람들을 곁에 두고 있게 될까. 내가 보고 싶고 상대도 나를 보고 싶어 하는 그런 사람들. 자신이 없다.

친구를 만나는 일조차 버겁고 힘든 일이 돼 버린 어머니는 쓸쓸한 표정으로 말씀하신다.

"사람은 혼자 견뎌내는 일을 당연히 여기고 잘하는 것이 말년의 가장 큰 복 중 하나야."

그래요, 어머니……. 얼마나 외로우신지요. 삶은 끊임없이 극기하는 일로 이루어져 있네요.

우선은 매일 한 번이라도 전화하자. 끊임없이 어머니를 떠올리는 충직한 한 사람이 늘 곁에 있음을 상기시켜드린다면 종말을 향해 대기 중인 삶이 조금은 덜 외롭고 무섭지 않을까 해서다.

어머니의 귀 - 잠들지 못하는 파수꾼

> 행복은 사랑받기보다 주는 데서 오며 사랑하고 상처 입고
> 다시 사랑하는 것, 이것이 바로 행복한 삶이다.
>
> - J.E. 부시로즈

시간은 늘 가차 없고 무정하다. 세월은 누구의 얼굴에나 여지없이 땅바닥에 뒹구는 낙엽 한 줌을 끼얹어놓곤 한다. 놀라고 당황하는 이들에게 장난스러운 웃음을 흘리면서 슬쩍 길모퉁이를 돌아서 가버린다. 매년 세월 앞에 그 누구도 예외나 장사가 없음을 알리려는 듯 올해도 어김없이 우수수 나뭇잎을 떨어뜨린다. 그 속을 휘청휘청 쓰러질 듯 걸어가는 내 늙은 어머니는 세월이 인간의 몸에 쉬지 않고, 끊임없이 내려앉아 현신한 모습을 보인다. 인간은 한 치도 어김없는 자연의 일부라는 것을 보여주려는 듯.

팔십을 넘긴 연세에도 늘 카랑카랑, 짜랑짜랑했던 고음의 '소프라노', 우리 어머니의 꼿꼿했던 허리가 어느 날부터인가 완전한 기역(ㄱ)

자로 꺾였다.

몸의 중추인 허리가 꼬부라지는 게 사람을 측은하게 만드는 데 그렇게 치명적인 역할을 하는 줄 미처 몰랐다. 뵙기 송구할 정도로 불쌍해 보이신다. 자연의 섭리가 이제 당신에게 죽음이 가까워 왔다, 인생은 이렇게 허무한 것이라고 사전 통고를 하는 듯 보인다.

내 어머니가 골다공증과 척추후만증으로 그런 가여운 모습을 하게 된 것이 딸자식은 아주 마음 아프고 죄스럽다. 마치 세상과의 이별을 앞둔 나의 늙은 육신이 아주 남루한 옷을 입고 거리를 배회하는 그런 느낌조차 든다. 딸에게 어머니는 바로 자신의 모습과 다를 바 없으니 더 쓰라리고 더 슬프다.

피골이 상접해 마른 칡넝쿨 같은 어머니 육신에서 삶과 죽음이 매일 줄다리기를 하고 있는 느낌이 든다. 노련하고 완고한 세월의 힘은 병약한 어머니 몸에 잦아들어 혈관을 막아가고 몸의 근육을 앗아간다. 죽음이 머지않았노라며 쇠꼬챙이 같은 팔다리를 휘청이게 한다. 덜그럭거리는 틀니, 힘 빠진 입술 근육은 제대로 음식을 받아들이지 못하게 방해한다.

병약한 어머니 눈에 세상은 늘 뿌옇다. 더듬거리는 어머니의 손길이 그를 말해준다. 원래 시력이 형편없는 데다 지금은 연로해 더욱 그렇다. 어머니는 80년 전 평북 신의주에서 7살짜리 소녀가 안경을 꼈다 해서 동네 구경거리가 됐다는 일화를 재미 삼아, 자랑삼아 웃으시며 말하곤 하지만 몸의 모든 기관이 이제 작별할 시간이 됐음을 다투어 알리는 듯하다.

그런데 딱 한 가지 예외가 있다. 요지부동 늙기를 거부하는 어머니의 청력이다. 마치 세상의 모든 소리를 빨대로 빨아들이는 듯한, 그래서 불가사의하다는 느낌을 줄 정도다. 우리 부부가 거실 식탁에서 무심코 한 소리를 당신 방 안에서 모두 꿰차고 계신다. 심지어 좀 더 떨어진 우리 침실에서 나지막하게 한 얘기도 모두 채집해 나중 식탁에서 은연중 털어놓으신다.

특히 어머니 당신에 관한 얘기나 자식의 건강 등 문젯거리는 마치 일부러 보고받은 듯 알고 계신다. 처음 몇 번은 우리 얘기를 몰래 문밖에서 엿들은 게 아닌가 하고 의아해하기도 했다.
어머니가 들어서 걱정할 얘깃거리는 일부러 방문을 닫고 한 적도 있다.

근데 그게 아니었다. 어머니의 청력이 가엾은 눈을 대신하려고 연세와 거꾸로 가고 있었던 것이다. 실제 청력 검사를 받으면 젊은이의 그것처럼 전혀 문제가 없다. 마치 정교한 보청기를 낀 듯 세상의 미세한 소음까지 빨아드리는 것처럼 느껴진다.

우리 부부가 새벽 몇 시에 잠들었고 화장실을 몇 번 들락거렸는지 기침은 몇 번 했는지 몽땅 꿰고 계신다. 마치 밤새 거실에 앉아 보초를 서신 듯. 어머니 친구들 중에는 연로하면서 귀가 들리지 않아 보청기를 끼거나 아예 세상의 소리와 두절하고 지내는 분들이 꽤 많은 것과는 아주 대조적이다.

눈이 안 보이는 맹인들의 청력이 대단히 발달해 보행이나 움직임에 도움이 된다더니. 그 얘기가 눈이 지독히 나쁜 내 어머니에게도 적용되는 듯하다.

아니, 그렇게 이상할 정도로 거꾸로 가는 청력은 그 이상의 간절함이 작동한 것인지도 모른다. 어머니가 스스로를 지키고 사랑하는 가족에게서 멀어지지 않기 위한 노력과 애절한 기도의 결과물인지도 모른다.

내 딸이, 내 아들이, 사위가, 손자가 매일을 어떻게 지내고 어떤 일이 일어났는지를 알고 싶은 소망과 노력의 결과가 기적의 경지로 이어진 것이리라. 어느덧 뒷방 노인이 된 지금 집안에서 발생하는 모든 일을 알고 소외되지 않겠다는 의지의 결과물인 것이다.

편하게 잠들지 못하는 어머니의 귀, 낮과 밤, 24시간 섬세하게 작동하는 어머니의 늙지 못하는 귀는 어머니를 지켜주고 세상과 연결하는 파수꾼인 셈이다.

어머니의 귀도 마음도 신경도 모두 곤두서 종일 잠들지 못하는 것이리라.

첨예하게 작동하는 어머니의 청력이 안타깝고 한없이 측은하게 느껴진다.

난 이제, 슬픈 마음이 가득한 채로 어머니의 귀가 부디 조금 덜 들렸으면 바라게 된다. 그래서 어머니의 마음이 좀 더 평안하고 조용한 상태에서 천천히 평화롭게 노닐기를 바란다.

"어머니, 이제 자주 엄마 앞에 가서 저희들의 하루하루를 잘 알려드릴게요."

어머니의 마지막 여행

미래의 사랑은 없다. 사랑은 언제나 현재형.
사랑을 지금 보여주지 않으면 그는 사랑이 없는 사람일 뿐.

— 톨스토이

삶이 얼마나 지리멸렬할까.
불현듯 그런 생각이 들어 노모를 가까운 이웃 나라 바닷가에 보내 드렸다.
어머니의 영원한 애인인 외아들과 함께……. 뇌졸중 후유증으로 매일 데이케어센터에서 치매, 반신불수 환자들하고 종일을 보내야 하는 그분의 매일이 얼마나 고역일까 하는 생각이 들어서 가족회의 후 반강제로 보내드린 것.

80대 후반 어머니의 일상을 20여 년 차이로 차근차근 좇아가는 딸자식의 역지사지가 불현듯 발동해서다. 5년 전만 해도 장거리 해외여행을 두 다리로 거뜬히 소화하던 분이었는데 뇌졸중 투병 후 지금은 완전히 다른 사람이 되셨다.

살이 없어 몸속 뼈의 형태가 피부로 그대로 드러나는 모습에 휠체어와 지팡이에 의지해야 이동이 가능한데 무슨 해외여행이냐고 펄쩍 뛰셨지만 설전 끝에 막상 결정되니 노모의 얼굴에 설렘이 피어난 것을 왜 모르리.

비행시간이 2시간 정도, 이동이 별 필요가 없으며 의사소통이 가능한 곳을 고르다 안 가보신 오키나와를 선택한 거다.

이 시각 현재, 휠체어로 주로 호텔 시설과 바닷가를 돌고 있다는 나의 어머니. 일제하에서 보냈던 어릴 적에 익숙해져서 아직도 꽤 의사소통이 되는 일본말로 휠체어를 미는 아들을 리드하면서 아주 즐거워하신단다. 일본 음식도 시키고 종업원과 농담도 나누면서……. 한동안 잃어버린 어머니의 카랑하고 행복한 웃음소리가 들리는 듯하다.

아주 긴 세월, 어머니는 앞으로 다가올 가족들의 행복을 위해 자신의 행복은 아랑곳하지 않은 채 그저 노심초사하며 자신을 희생해오셨던 것이다.
지난 세월을 생각하면 어머니는 얼마나 허망하실까. 시간은 영원히 돌릴 수 없는데 병든 육신에 앞으로 어떤 행복이 도래하길 기다릴 수 있다는 말인가.

희망이 없는 나날은 얼마나 고역일까 나 자신에 그런 상황을 억지로라도 대입해보면 순식간에 고스란히 느껴진다. 역지사지가 그리 쉬운데 우리는 왜 그걸 안 하고 때로는 회피하려는 것일까.

요즘 젊은이들에게 유행하는 단어, '소확행'을 여생이 얼마 남지 않은 어머니께 안겨드려야겠다는 생각에 초조해진다. 이웃 나라의 인기 소설가 무라카미 하루키가 수필, 『랑겔한스섬의 오후』에서 '작지만 확실한 행복'을 언급한 이후 우리나라까지 널리 회자되고 있는, 일상에서 쉽게 건져 올릴 수 있는 그 작은 행복들을 말이다.

어머니는 수영장 근처에 휠체어에 몸을 맡긴 채 맑은 공기, 시원한 바람결과 빛나는 태양을 온몸으로 느끼면서 "아, 그래 이거야. 정말 이렇게 가볍고 상쾌한 기분 오랜만이네"라고 홀로 중얼거리셨을 듯하다.

오랜만에 딸은 흐뭇하다.
어머니의 삶은 곧 딸의 자화상 아니던가. 어머니의 닮은꼴 삶을 살면서 딸은 수시 '어머니! 당신은 내 운명'이란 생각에 이른다. 부인하려야 부인할 수가 없는 숙명의 그림자.
게다가 늘 바쁜 듯해서, 어려워서 전화도 제대로 못 거는 초로의 아들을 독차지해 닷새를 함께 하시니 즐겁지 아니한가.

이번 여행서 아들과 공유한 추억이 앞으로 남은 어머니 여생에 좋은 위로가 되길 기대하는 마음 간절하다. 어머니의 이번 여행이 마지막이 아니길 빌면서…….

 여행이든 무엇이 됐든 이제 미루지 말고 자주 '소확행'을 선물하는 딸이 되고 싶다.

엄마탓 고질병

> 자신을 사랑·긍정하지 못하면 타인에게도 마찬가지.
> 자기 사랑에 익숙한 것이 힘든 세상을 살아가는 지혜다.
> — 이츠키 히로유키

어머니가 마지막 여행(?)에서 돌아오셨다. 4박 5일의 일정. 태풍 '노루'가 걱정됐지만 오키나와 날씨는 정말 아름다웠단다. 함께 간 초로의 아들이 한 첫마디는 "휠체어, 차에 수시로 넣었다 폈다 하는 게 보통 일이 아니더군. 온몸이 쑤신다"였다. 두 번째 얘기는 어머니가 딸에게 고맙고 미안하다며 일정 내내 선물센터만 기웃거리셨다는 거다. 옷 사서 바꾸고 또 바꾸고 하면서.

점원에게 "내 딸이 까다로워서" 하면서 연신 미안하다 하셨단다. 그러고 보니 그 딸이 까다롭긴 하다. 알록달록 무늬 옷, 구슬이나 레이스가 달린 것, 옷단이 너울거리게 한 것, 글씨나 상표를 돋보이게 한 것 등은 절대 사절이니 말이다.

몇 번을 바꿔 사 온 옷, 속이 훤히 비치는 데다 옷단이 너울거리는 그 코발트색 카디건을 보고 나무라듯 퉁명스럽게 한마디 했다.

"오마니! 내가 가시기 전에 뭐랬어. 선물 같은 거 사지 말라 했죠. 요샌 누구나 여행가니까 아무것도 안 사오는 게 대세야. 그렇게 쌓인 물건이 지금 도체 얼만데……."

어머니는 아무 말 없이 무안한 표정이다.

나도 안다. 이런 인간 '밥맛'이라는 거. 역시 사랑을 받는 것도, 선물을 기쁘게 받을 줄 아는 것도 실력이더라. 세상 편하고 이쁘게 사는 실력……. 지금 또 후회 중이다.

"지금 그걸 다른 걸로 바꿀 수도 없는데, 한갓 제 취향이 뭐 그리 중헌디……. 이왕 사 오신 거 어머니나 기쁘게 해드리지" 하면서.

어머닌 치매, 반신불수 친구들이 기다리는 데이케어센터로 며칠 만에 다시 출근하셨다.

"많이 피곤해 쉬고 싶지만 목욕시켜주는 날이니……" 하시면서.

난 말리지 않았다. 물론 "어머니, 내가 목욕시켜 드릴게……" 그러지도 않았다.

역시 난……. 인간 개조가 어디 하루 이틀에 되면 걱정을 안 하겠다. 그러면서 이런 나를 대체 누가 만들었나 하는 생각이 다시 드니 피할 수 없는 고질병이다.

'엄마탓 고질병'

웃고 있어도 눈물이 - 초라한 생신상

사랑은 오래 참고 온유하며 투기하지 아니하며
자랑하지도 교만하지도 아니하며 무례히 행치 아니하고

— 고린도전서

어머니를 모셔놓고 오랜만에 아침상을 마주 대하고는 눈물이 쏟아졌습니다.

오늘은 어머니 생신날. 이틀 걸려 한 접씩 해놓은 생선전과 갈비찜, 미역국을 펼쳐놓는 초라한 생신상을 차렸습니다.

그래요. 아주 오랜만입니다. 저는 그동안 좋은 호텔에 가서 음식을 사드리고 돈 봉투 드리는 거로 생신을 때웠습니다. 퇴직을 한 후에도 쓸데없이 바쁜 딸이니까요. 평소 아침은 쟁반에 찰떡이나 물만두, 미숫가루, 과일 정도를 드리면 혼자 당신 방에서 한 시간에 걸쳐 잡숩니다.

그러다 이제 여생이 얼마 남지 않은, 거동 불편한 어머니를 반강제로 식탁에 앉혀놓고 케이크에 촛불을 켰습니다. 어머니가 호텔 가는 걸 불편해하셨기 때문이죠. 거동도 문제지만 너무 비싸서 이제는 싫으시다는 겁니다.

그래서 새벽에 일어나시는 어머니께 지루하실 것 같아 좀 길게 쓴 카드와 용돈을 담아 미리 전달해 드렸더니 읽으신 모양입니다.

오전 8시, 식탁에서 사위가 어머니의 건강과 평안을 위한 기도를 끝내자 어머니가 연이어 응답기도를 하셨습니다. 근데……. 목소리가 점차 잦아들어 저희는 알아들을 수 없었습니다. 나중에는 입술만 가까스로 들썩였습니다. 고마움과 감동의 눈물이 깡마른 어머니의 얼굴을 타고 내리자 저 역시 목이 메었습니다.

고양이 밥처럼 적은, 미역국과 음식 한 점씩을 서둘러 맛보시고는 어머니는 오늘도 딸자식인 저 편하게 한다며 온종일 돌봐주는 데이케어센터로 향하셨습니다. 저녁엔 그냥 보내면 너희들이 섭섭하니 게다가 용돈도 생겼으니 동네 생선초밥집에 가서 당신이 생신 턱을 내시겠다며 말입니다. 어머니는 당신 방 테이블에 용돈은 빼놓으시고 카드는 가지고 가셨습니다.

오늘 하루 종일 지루한 시간을 견뎌내면서 제가 오랜만에 써 드린 카드를 읽고 또 읽고 하시려는 거지요. 좀 더 사랑한다는 표현들을 듬뿍 써 드릴 걸 하면서 잠시 후회가 찾아듭니다. 돈도 수고도 들지 않는 그런 작은 것들에 왜 그리 인색하지 모르겠나이다.

　새삼 저 자신에게 "도대체 넌 무얼 위해 사는 거니? 네게 소중한 것은 대체 무엇이니?" 묻게 됩니다.

　요즘도 어머니께 옛날처럼 수시로 짜증을 내는 딸은 신세 진다며 늘 미안해하는 어머니를 자주 슬프게 합니다. 오늘은 유난히 '어머니 당신은 내 운명'이라는 단어가 머릿속에 어른거립니다. 어머니를 수시로 원망하면서도 어머니의 식성, 걸음걸이까지 따라가고 있는 '딸내미'.

　나날이 말라가고 기억이 깜빡깜빡하면서 가끔 멋쩍은 듯 웃는 어머니는 어린아이처럼 당신의 '엄마'를 떠올리곤 합니다. 내 초라한 생신상을 대하면서 당신의 엄마가 외동딸이라며 애지중지하시면서 차려주었던 맛있는 밥상을 그리워하실지도 모릅니다.

　마치 '가장 받고 싶은 상은 엄마 밥상'이라고 쓴 어느 초등학생의 글처럼.

　"아무것도 하지 않아도 / 짜증 섞인 투정에도 / 어김없이 차려지는 / 당연하게 생각되는 / 그런 상 // 하루에 세 번이나 / 받을 수 있는 / 아침상 점심상 저녁상 // 받아도 감사하다는 / 말 한마디 안 해도 / 되는 그런 상 / 그때는 왜 몰랐을까? / 그때는 왜 못 보았을까? / 그 상을 내시던 / 주름진 엄마의 손을 // 그때는 왜 잡아드리지 못했을까? / 감사하다는 말 한마디 / 꺼내지 못했을까? // 그동안 숨겨났던 말 / 이제는 받지 못할 상 / 앞에 앉아 홀로 / 되뇌어 봅니다 / 엄마, 사랑해요. 엄마 고마웠어요. / 엄마 편히 쉬세요. // 세상에서 가장 받고 싶은 / 엄마 상 / 이제는 받을 수 없어요. // 이제 제가 엄마에게 / 상을 차려 드릴게요. / 엄마가 좋아했던 / 반찬들로만 / 한가득 담을게요. // 하지만 아직도 그리운 / 엄마의 밥상 / 이제는 다시 못 받을 / 세상에서 가장 받고 싶은 / 울 엄마 얼굴(상)"

(현재는 전북 부안여중 2학년인 이슬 양의 시.- 암 투병 중 돌아가신 엄마를 그리워하면서 초등학교 6학년 때 쓴 시. 전북도교육청 주최 2016년 글쓰기 공모전에서 동시 부문 최우수상을 받았다.)

마치 숙제하듯 난생처음 생신상을 어설프게 차려 낸 이 딸자식도 어느 날 저런 생각에 목이 멜 날이 곧 있겠지요.

오늘도 종종대며 거리로 나서면서 오랜만에 하늘을 치어다봅니다.

가없는 푸른 하늘에 흰 구름이 무심히 흘러갑니다. 세월은 이렇게 가고 있노라고 말하는 듯합니다. 어머니, 그 긴 세월, 자신의 아픔과 슬픔을 짓누르고 숨기시면서 강인한 어머니로 보이려 밤낮으로 노력했던 나의 어머니, 불현듯 떠오르는 '웃고 있어도 눈물이 난다'는 유행가 가사가 제 얘기인 듯합니다.

"어머니, 고맙습니다. 무조건, 맹목으로 사랑합니다."

딸아, 나 어디서 살까?

> 나만이 내 인생을 바꿀 수 있다.
> 아무도 날 대신해줄 수 없다.
>
> – 캐롤 버넷

어머니는 '긴 여행' 끝에 이제 딸네 집에 머물러계신다.

당신의 집에서 홀로 거주하다 들이닥친 병고 끝에 여기저기 도움받을 수 있는 곳과 유료 시설을 돌아다니다 이제 더 이상은 홀로 살 수 없음을 시인하고 딸네 집에 들어오신 것이다.

꼬장, 깔끔하시고 자존심 강한 어머니는 병원에서 한동안 투병하고 퇴원한 후 여전히 혼자 계실 것을 고집하셨다. 당신 집을 세주고 딸 근처네 새집을 얻어 살면서 음식은 근처 식당에서 사 드시다가 때론 딸한테 공급받으면 된다고 하셨다.

딸을 너무 믿으셨던 거다. 제 식구 음식도 제대로 챙기지 못하는 딸을.

결국 1년 만에 손을 들었다. 두 집에 자장면 그릇 같은 플라스틱 용기와 햇반 등 비닐 포장 등이 쌓여가면서 삶의 질이 그야말로 허름한 독거노인 수준으로 자꾸 떨어지는 게 눈에 확연히 들어왔다.

마지못해 세끼 챙겨주는 유료 실버홈으로 들어가셨지만 결국 1년여만 버티셨다. 자기 살던 대로의 고집과 편견이 심한 노인네들끼리 만나니 거기서 마음 편하게 사는 것도 보통 내공으로는 안 되는 모양이었다. 자리 잡은 그 안에도 터줏대감이 있었고 그에 밉보이면 인생이 고달팠던 거다.

자연 속에서 햇볕도 잘 쏘이고 마당도 거니시라고 내가 용인시 수지구 어느 마을에 얻은 전원주택에서 아줌마의 도움을 받아가며 몇 개월을 계시다 결국 개미와 모기, 추위에 쫓겨 집을 나오셨다.

결국 아들네 집에서의 몇 개월을 거쳐 '백기'를 들고 사위와 딸의 집으로 들어오셨다. 사위의 어머니는 다른 유료 실버홈에서 잘 버티고 계시니 얼마나 사위 눈치가 보일까 짐작이 갈만 했지만 어머니께 더는 선택의 여지가 없었던 것이다.

그리고는 하루 종일 보살피고 밥도 먹여주는 동네 사설 노인 데이케어센터로 아침 일찍 등교해 저녁까지 들고 하교하신다. 딸과 사위를 편하게 하기 위한 궁여지책의 선택인 것을 왜 모르랴.

집에 돌아와서는 치매 걸린 어느 할아버지, 거동이 불편한 어느 할머니 등과의 힘든 하루를 얘기하신다. 불편한 그분들 사이에도 여전히 갈등이 있고 주위 노인들이나 주최 측에 잘 보이려는 숨은 노력과 경쟁이 어머니를 편치 않게 하는 걸까. 은근히 딸자식이 무언가 사서 선물하기를 바라는 눈치를 보이신다.

거동이 불편하지만 보다 잘 보이게, 아니 무시당하지 않기 위해 은근히 옷 치장에 신경을 쓰신다.

데이케어센터에서 어머니가 해오신 그림 색칠하기, 색종이 뜯어 붙이기 등을 어머니 방 벽에 붙여드리면서 어머니가 이제 인생의 겨울을 지나 다시 아가의 계절, 새 생명의 봄으로 이동하고 계시다는 느낌이 몰려온다. 헌 생명을 떠나보내는 계절, 봄으로…….

딸아이인 내가 어릴 적 유치원에서 해온 것을 받아보신 어머니가 이제 딸에게 같은 그림을 가져다주고 칭찬을 기다리시니 말이다. 어머니께도 주위의 지속적인 관심과 사랑이 필요한 거다. 그래야 힘든 하루를 버틸 수 있는 거다.

'당신은 사랑받기 위해 태어난 사람'이라는 찬송가의 한 구절이 스쳐 간다.

데이케어센터가 쉬는 일요일이면 더욱더 딸자식의 눈치를 보는 어머니를 편하게 하는 방법은 무엇일까……. '인생 고해 바다에서 어머니를 건져낼 별 뾰족한 방법을 못 찾는 자식에게 어머니는 "어차피 세상은 서로 부대끼며 사는 거야. 그래 이만하면 된 거야. 완벽은 없어." 혼잣말처럼 중얼거리신다.

어머니를 모시는 데도 여전히 비용을 생각하는 괘씸한 이 딸, 어머니의 상황이 더 악화돼 침대에 붙박힌 노인 환자들에 둘러싸이는 요양시설에 가시지 않길 바랄 뿐이다.
"하나님, 우리 어머니 너무 고생하시지 말고 천국에 가게 해주세요."
이런 기도, 정말 오로지 엄마만을 걱정하는 걸까, 자신이 없다.

천국 나라에서는 부디 집 걱정, 자식 걱정, 친구 걱정 안 하시고 오래오래 사시길 바란다.
"그곳은 내가 거할 곳이며 너희가 올 곳이니라." 천상의 그 나라는 그러한 곳임을 천주교 신도인 어머니가 굳게 믿고 계시니 그나마 정말 다행 아닌가.

엄마의 버킷리스트

행복하게 여행하려면 가볍게 여행해야 한다.

- 앙투안 드 생텍쥐페리

"평안북도 신의주시 광성면 토성동 35번지…….

큰 대문이 두 개나 있고 대문 옆 행랑아범이 문을 열어주던 그곳…….

대 지주요, 부호였던 아버지가 늦둥이 막내딸을 위해 온갖 과일나무를 골고루 심어주셨던 그곳."

내 어머니가 평생을 두고 못 잊는 곳이다.

병석에 누워 옛일을 회상할 때면 마치 녹음기를 틀어놓듯 얘기 초입에 반복해 하시는 말씀이다.

내 어머니 가족이 '부르주아 반동분자'로 찍혀 남한으로 야반도주하면서 남겨놓고 온 이북의 집이다. 1947년 어느 날, 보따리 몇 개만 들고 밤에 도망쳐 피신했다니 야반도주가 딱 맞는 말이다. 피붙이 몇 명을 남겨놓고 말이다.

오래전 이북5도청에 이산가족 상봉 신청서를 제출해놓고 목이 빠져라 기다리다 지쳐 이제는 꼬부랑 할머니의 꿈속에서만 출몰하는 장소다.

무기력한 딸은 가끔 구글 지도를 검색해 그곳을 탐색해 보여드리지만 그런 주소는 이제 없다. 신의주 주변만 맴돌 뿐이다.
"일 없으이. 이제 그만 해라." 낳아서 16살까지 살던 고향을 얘기할 때면 엄마 입에서 사라졌던 사투리가 튀어나온다. 일본말도 느닷없이 한몫을 거둔다. 완전히 그때 그 시절로 돌아가 계신 거다.

"언제 한번 가십시다. 그냥 백두산이라도 중국 쪽에서 보실라우?" 이제 비행기를 타실 수 있을지도 모르지만 어머니께 작은 희망이라도 드리려고 반쯤은 그냥 해보는 소리다.

어머니가 눈 감기 전에 가보고 싶다는 곳은 또 있다. 나머지는 네 군데.
그중 두 곳은 논산시 연무읍 육군 훈련소 근처의 한 마을과 강원도 인제군 북면 원통리 근처의 어느 마을이다. 갓 나은 아이들을 데리고 당시 군인이었던 남편을 찾으러 떠나 한동안 눌러살던 곳이다. 역시 애나 다름없던 20대 중반 남편의 매몰찬 홀대를 마을 주민의 동정과 도움으로 이기고 살았던 곳이라 이 얘기만 나오면 서러움에 흥분이 쉽게 가라앉지 않는다. 그리고 이제 만나면 그때의 감사함을 전하고 싶다는 것이다. 어느 날 인사도 제대로 못하고 어느 날 홀연히 떠나버린 것이 안타깝다며.

어머니가 가실 곳은 또 있다. 미국 LA 근교로 중년에 이민 간 가장 가까운 한 친구를 만나러 가는 일이다. 그분은 자식들이 넓은 땅 뿔뿔이 흩어져 이제 요양원 침대에서 홀로 여생을 마감하고 계신다.

그분은 이제 휴대폰도 소지할 수 없는 처지라 가끔 내가 요양원 사무실 직원에게 영어로 통화를 부탁해 연결되지만 상대방은 신음으로 답할 뿐이다. 사무실 공중전화의 시간 제약이 엄격한 데다 친구의 반응을 들을 수 없으니 엄마 혼자 시종일관 얘기하다 끊기니 답답한 심정에 달려가고 싶단다.

"이봐, 잘 있는 거지? 아프지 말아. 잘 먹어야 해." 이따금 생존을 확인해 전화하고는 할 수 있는 얘기는 이 짧은 세 문장의 반복뿐이다.

어머니의 부탁으로 수년 전 논산훈련소 근교의 어느 산골을 찾아간 적이 있다. 길가 노인들에 물어물어 찾아간 곳에 어머니가 세 들어

살던 초가삼간이 기적처럼 그대로 있었다. 딸자식인 나를 낳은 곳. 마침 한 노인이 어머니를 알아보고 두 노인은 꽃다웠던 그 시절을 통곡 같은 울음으로 회상했다.

그 할머니는 이제 할머니 초보생이 된 나를, 그 옛날의 갓난아기, 이 사람을 대하고는 어안이 벙벙해 말씀을 잊으셨다. 어머니의 기억은 소름이 돋을 정도로 정확했다. 마치 당시의 마을 정경을 사진으로 찍어 머릿속에 남겨두었던 것처럼 세세했다.
강원도 원통리 마을은 아직 숙제로 남아있다.

이제 어머니가 떠나시기 전에 나머지 장소들을 함께 가실 수 있을지 자신이 없다. 무리하게 진행했다가 가녀린 생명을 재촉하는 일이 될 것 같이 겁이 나서일까?
그나마 위안으로 삼는 것은 몇 년 전 아직 어머니 허리가 덜 굽어 있을 때 강압으로 이탈리아의 로마 및 바티칸 성당과 스위스 몽블랑 인근 마을에 모시고 간 일이다.

TV 여행프로그램인 '세계를 간다'를 빼놓지 않고 보시면서 "세상에……. 저리도 아름답구나"를 연발하시는 걸 보고 반강제로 감행한 것이다.
"한번 가 보실라우?" 여쭈어보면 "아니, 돈 안 들이고도 얼마나 세세하게 보여주는데 편하고 더 좋지" 하셨지만 왜 모르겠는가.

독실한 신자인 어머니는 바티칸 성당을 화면으로 보실 때 거의 혼이 나간 듯한 표정을 하셨는데 그걸 왜 모르겠는가.

연로한 분에 맞춰 비행기 좌석이나 일정을 배려하다 보니 패키지 상품의 5~6배 돈이 들었지만 지금 생각해도 우리 남매가 일생을 두고 한 일 중에 그중 잘한 것 중에 손꼽히는 일이다. 물론 오라버니 덕에 나까지 무임승차했으니 감사할 일이다.

이미 수도 없이 유럽을 여행했던 우리 둘은 교대로 걸음걸이가 여의치 않은 어머니를 맡았다. 한 사람이 티켓을 끊거나 택시를 불러오는 등 일 처리를 하는 동안에 어머니가 일일이 그 뒤를 따라다니지 않아도 되게.

우린 아마 이제 너무 늙어버린 어머니의 소망을 다 들어드리지 못할 것이다.

강원도 원통리 어디를 무작정 찾아 나설 수도 있겠으나 지레 "그 동네가 남아있겠나" 하며 김을 빼고 있으니까. 어머니가 찾으시는 여행지가 혹 사라졌으면 어떠랴. 그 가는 길에 오랜만에 푸르른 산천을 즐기며 드라이브라도 하면 되는 것인데 말이다.

그나마 어머니의 유럽 여행을 위안으로 삼으며 나 자신에게 다짐할 뿐이다.

"그래, 앞으로 나는 엄마처럼 늙기 전에 세계 여행 남김없이 미리미리 해 둬야지……."

이게 바로 자식인 거다.

'호상'이라 끄덕이며 어머니로부터 해방되면 딸자식은 아마 그간 자제했던 여행 스케쥴을 소화하느라, 벚꽃 꽃잎 떨어지듯 가신 어머니를 까마득히 잊어버릴지도 모른다. 이게 바로 자식인 거다.

"피는 꽃을 보고 즐거워하는 대신 꽃을 피우는 대자연 섭리의 일부가 될 테고, 육신으로 사랑하는 사람들과 만나는 대신 무심한 바람으로 사랑하는 사람들의 옷깃을 스치게 될 터이다." (박완서 「내가 꿈꾸는 나의 죽음」에서)

어머니와 나는 머지않아 그렇게 헤어질 것이다.

바짝 말라 온몸에 물기라곤 없어 보였던 내 어머니도 말년의 안개 자욱한 늪지 같은 병상의 시간 속에서 다른 세상으로의 귀의를 고대하고 재촉하며 저런 생각을 되풀이하셨으리라.

내리사랑은 이제 그만 - 어머니를 위한 궁리들

내 전 인생을 통해 이룩한 거대한 재산은 이제 가져갈 수가 없다.
내가 가져갈 수 있는 것은 사랑이 충만한 기억들뿐이다.

- 스티브 잡스

인간은 세 가지 일을 할 때 행복이 극대화된다고 한다.

자신이 좋아하는 일을 하면서 즐거움을 느낄 때, 자신의 강점을 이용해 온 신경을 집중하는 몰입의 순간이 많아질 때, 나만의 이익보다는 사회를 위한 더 큰 가치를 추구해 스스로 대견하다고 느낄 때 행복해진다는 것이다.

긍정심리학의 창시자로 '행복연구의 달인'인 마틴 셀리그만(미국)의 연구 결과다.

행복을 추구하는 사람이라면 누구나 한 번쯤 생각해 봤음직 한 평범한 얘기들이다. 물론 진리는 항상 일상적인 것의 평범함 속에 깃들어있다지만.

이 이론에 우리의 어머니들을 대입해보면 행복하기가 쉽지 않을 것이란 생각이 든다. 인생을 정리해가는, 그래서 사회에서는 물론 가족 속에서도 삶의 주도권을 아래 세대에게 넘기는 형편이다 보니 더욱 그러하다.

그래도 누구든 죽는 그날까지 보다 나은 행복을 추구하는 여정이 삶이니까. 아니, 얼마 남지 않은 여생을 사시는 노인분들에게는 행복에의 욕구가 더 강렬할 수 있다. 현재 자신이 처한 육체적 경제적 상황이 어려울수록 더욱더.

내가 어머니를 모시면서 느낀 점은 어머니가 집안의 어른으로서 자존감을 갖게 하는 데 신경을 써야 한다는 점이다. 자존감을 유지하는 데 무엇보다 중요한 건 육체적으로 건강해 자신의 의지대로 움직일 수 있게 하는 것, 작은 것이라도 누구에게 베풀 수 있게 경제력이 있는 것, 내 건강과 경제력을 활용해 기쁘게 할 상대가 주위에 있는 것 등이라고 요약할 수 있겠다.

제아무리 돈이 많고 건강한들 사랑과 관심을 건넬 대상이 없다면 그 또한 별 소용이 없을 테니까. 인간은 사람 인(人)에 사이 간(間) 자로 이루어진 것만 보아도 사람은 종국에는 사람과의 사이에서 존재의 의미를 얻을 수 있다는 것이 아닐까.

결국 건강, 돈, 사랑하는 사람이 특히나 인생 노년의 3대 키워드인 것이다.

그렇게 요약하니 어머니 여생의 작고 확실한 행복을 위해 해 드릴 것이 무언가 대충 정리가 된다. 실천이 문제인 걸 왜 모르겠는가만.

돈을 직접 관리하시게 한다

노년이 돼 거동이 불편해지면 자식들이 은행 통장 등을 알아서 관리하게 한다. 요즘은 특히 온라인으로 입출금 활동을 하게 돼 자식 손에 은행 업무를 맡기는 경우가 많다. 별로 쓸데도 없는 데다 은행에 혼자 출입하는 것도 힘들다 보니 돈은 있으되 내 돈이 아닌 것이다.

그리고 자식들이 통장을 관리하다 보니 어머니가 쓰는 돈의 쓰임새가 확연히 들어나 불편함을 느끼실 수 있다. "한 자식 몰래 형편이 어려워진 다른 자식을 도우려 해도 여간 불편한 게 아니다"라는 말을 주변에서 수도 없이 들은 바다.

그러기에 가능한 은행에 어머니를 모시고 가서 직접 통장 잔고 정리도 하고 필요한 돈도 빼서 쓸 수 있게 해 드리고 있다. 폰뱅킹으로 돈을 부쳐야 할 때도 그 방법을 숙지하게 가르쳐 드렸다. 은행에서 제공한 폰뱅킹용 보안 코드나 해당 은행 코드는 보기 힘드니 대신 읽어 입력하시게 한다. 내가 직접 하는 것보다 느리고 답답하지만 당신 돈을 스스로 관리할 수 있다는 데 대한 자신감이 더 중요하다고 보기 때문이다. 만기가 되는 정기적금 등도 직접 은행원의 설명을 듣고 상품을 고르실 수 있도록 하고 나는 그 자리를 비켜서 일이 끝날 때까지 기다린다.

돈에 대한 관리를 더 이상 할 수 없을 때 느끼는 무력감을 어머니가 느끼게 하고 싶지 않기 때문이다. 새 통장을 만들 때 입력하는 정보도 자필 사인도 본인이 스스로 하게 한다.
나는 어머니가 스스로 운용할 수 있는 일정액의 현금이 있다는 게 얼마나 다행인지 몰라 감사하고 있다. 돌아가시는 그날까지 어머니 돈은 어머니 수중에 있어야 한다고 믿는다.

"살아보니 자식은 그저 울타리"라는 말이 맞다고 보기 때문이다. 내가 하는 행동을 미루어보건대 돈이 엄마한테 더 효도를 한다고 해야 옳은 경우가 많기에 하는 말이다.
그래서 어머니 친구분들의 손주가 결혼할 때도 축의금을 건네실 수 있도록 한다. 어머니 손주의 생일이나 명절에도 선물하는 기쁨을 느끼실 수 있게 한다. 자식들이 엄마 연세라고 가정하고 그 마음을 역지사지, 상상해보면 이해가 가는 일이다.

돈이 수중에 있으면 자식도 내가 원할 때 불러와 내 앞에 앉힐 수가 있고 모두의 외식 자리에서 식사대를 지불할 수 있으니 베푸시는 어른의 즐거움을 느끼실 수 있을 테니 좋다.

그뿐인가, 제일 중요한 것은 내 몸 내 스스로 돌볼 수 없을 때 간병 직업인을 고용할 수 있어 자식의 한숨 소리에서 벗어날 수 있다는 점이다. 덕분에 결국 자식과 편안하게 헤어질 수 있으니 무엇을 더 바라랴. 부지런히 용돈도 드리고 언제든 누구에게 줄 수 있게 현금도 듬뿍 찾아 작은 봉투에 쪼개 넣어 손 닿는데 놓아드리자.

'공짜' 공연 티켓 드리기

유명 가수의 라이브 디너쇼, 오페라, 콘서트 등은 젊은이들만의 전유물이 아니다. 엄마 세대들도 젊었을 때에는 그런데 가는 걸 즐거움으로 여겼다. 현실은 팍팍해도 슬쩍 주위에 자랑하면서 마치 자신이 문화적으로 한 수 위인 양. 그래도 아직은 그런 부류에 속해 있다고 위안을 삼았다. 사람이란 가끔 정신적으로 사치할 때 스스로 괜찮은 삶을 살고 있다고 생각하는 경향이 있다. 물건 사치에 관심이 없는 사람도 이런 유의 호사는 사양하지 않는 법이다.

콘서트장에 가면 왠지 세파에 찌들었던 속물이 사우나에 들려 적당히 때를 벗기고 잠시 말간 얼굴이 돼서 나오는 듯한 기분이 들었던 것을 부정할 수 없다.

그래서 엄마 주머니 사정을 뻔히 알면서도 티켓값을 빼내는 순간 의기양양했었다. 그땐 내 주머니에 돈이 들어오면 아무 부담 없이 쓰고 또 달라고 하면 되는 것이라 생각했다.

이제 엄마가 된 그 여성들은 20~30만 원이나 하는 유명 가수 호텔 라이브 디너쇼를 내 돈 주고 가겠다고 감히 생각하지 못한다. 그저 돈 많은 여성들이나 하는, 나와는 상관없는 남의 일인 양 여기고는 아예 모른 척하고 살기 마련이다. 한 친구는 뇌졸중 후유증으로 집에만 계시던 80대 노모가 별안간 지난 연말에 조용필 티켓을 사달라고 해 놀랐단다. 그런데 알아보니 수만 명의 관객을 대상으로 잠실 경기장에서 하는 거라 위험해 못 보내드렸단다.

어머니 왈 "이제 돈 쓸데도 없는 것 같은데 좋아하는 노래나 실컷 들어야겠다"고 하시더란다. 그 친구 "우리 어머니는 그런데 가는 거 귀찮고 돈 많이 들어 진짜 싫어하시는 줄 알았다"며 "엄마들 말은 액면 그대로 해석하면 절대 효녀가 아니다"고 해 모두 웃었다.

엄마의 생신날이나 어버이날 슬쩍 취향을 물어 이런 공연의 티켓을 사보자. 이걸 돈 주고 산다 하면 펄쩍 뛸 게 뻔하다. 그럴 때 좀 선의의 거짓말이라도 하자. 회사에서 부모님께 감사하는 차원에서 드린 선물이라고, 누가 가려다 급히 출장을 가게 돼서 얻은 것이라는 등 그렇게 둘러대고 드리자. 분명히 뛸 듯이 기뻐할 것이다. 경험을 통해서 아는 거다.

이런 티켓은 돈이나 상품권을 드리는 것보다 훨씬 대외적인 효과도 크다. 엄마들은 친구들한테 필히 말한다. "글쎄, 우리 애가 콘서트 티켓을 사줬지 뭐니……" 하고. 이거야말로 딸과 엄마가 동시에 윈-윈 하는 셈이다. 삶이 고달픈 사람이 콘서트 생각은 못 하는 거니까. 나 역시 주변에서 딸이, 아들이, 며느리가 티켓 줘서 어디 갔다 왔다는 소리 수도 없이 들었으니까. 덕분에 나도 따라간 적이 여러 번이다.

내친김에 엄마가 함께 갈 친구분 것도 장만하자. 딸이 가는 것보다 친구분과 함께 가시는 것이 훨씬 그 여흥이 오래간다. 두고두고 나눌 얘기도 있고. 사실 딸과 가면 무슨 재미가 있겠는가. 딸은 그 티켓 건네고 그 장소까지 모시고 가면 거기서 소임을 다한 것이다.

존재감을 높인다

자녀를 출가시킨 어머니들은 싫든 좋든 할머니가 된다. 처음에는 난생 처음 손주가 부르는 '할머니' 소리에 당황하기도 하고 새삼 그 연륜의 무게에 스스로 위축되기도 한다.

마음속에는 이제나저제나 새파란 젊은이가 들어있음에도 어쩔 수 없이 '할머니'임을 인정하면서 살아야 하는 세월이 갈수록 길어지고 있으니 자식의 입장에서 어머니의 존재감을 드높이는 일이 매우 중요하다.

그분의 그침 없는 사랑과 헌신을 조금이라도 갚는 일이니까. 또 그게 곧 머지않은 나의 모습이기도 하니까. 그런 노력을 내 자식이 눈앞에서 그대로 학습하고 있으니까.

가끔 엄마를 포함한 주변 어른들을 모시고 드라이브를 하면서 이분들이 허심탄회하게 쏟아내는 얘기들을 엿듣게 된다. 대화의 주메뉴는 "어디가 불편해 어느 의사를 찾으니 효과가 있더라" 또는 "무슨 약이나 침이 잘 효험이 좋다"는 얘기가 대부분이다.

가끔 더해지는 얘기 중 하나는 "가족 모임에 가기 싫다"는 거다. 가족 대화에 끼어들기 힘들고 분위기상 한마디 거들어도 자식이나 손주들의 아무 반응이 없어 무안해지고 소외감을 느끼게 된다는 것이 이유였다.

가족의 구성원이, 그것도 어머니가 가족의 화합과 친교를 위한 가족 모임에서 소외감을 느낀다는 것은 있을 수 없는 얘기다. 그러나 실상은 별로 의식하지 못한 채 어머니를 '뒷방 노인' 쯤으로 자연스럽게 치부하는 경우가 많다.

상대적으로 역동적인 삶을 살아가는 젊은 부부에게는 새로운 화제가 많기 마련이지만 과거를 살고 있는 어머니가 하시는 말씀은 구시대적이거나 한갓 기우에 불과한 잔소리로 들리기도 하니까.

"내가 준 선물 포장을 다섯 살 된 손녀가 잘 풀지 못하기에 대신 해

줬지. 그런데 딸이 벌컥 화를 내는 거야. 아이가 포장을 제 손으로 뜯을 수 있는 기회를 줘야지, 그걸 왜 박탈하냐는 거지······." 엄마 친구분이 흥분해서 말씀하셨다.

"일리가 있는 말이기도 해. 나도 인정한다구. 그런데 그렇게 여러 사람 있는 데서 나를 무안 주는 게 자식이 할 짓이냐구요. 조용하게 '어머니, 아이가 자립심을 키울 수 있게 한번 지켜봐 주시지요' 하고 품위 있게 하고 지나가면 좀 좋아. 모두가 기분 좋아지는 일인데 말야."

그분 말씀에 깊이 동감한다. 또한 나 역시 그런 경우가 비일비재함을 인정한다. 우리 엄마 역시 그런 일을 수시로 당해 마음에 그 상처가 아직 아물지도 않았으리라 여겨지니까.

가족 모임에서 어머니가 말씀하시면 우선 무슨 답이든 해야 하는 게 도리다. 그 내용이 어찌 됐든. 무대응을 하는 것은 무대응이 아니라 '무시와 소외'라는 강력한 부정의 메시지를 갖고 있다. 대화에 최소한 짤막한 맞장구는 필수며 도리다. 모임에서 음식이 나오면 음식을 주제로 얘기를 우선 풀어가는 것이 어머니가 대화를 리드하실 수 있게 하는 방법이다. 그리고 집에서 준비하는 반찬 등 다른 음식에 대한 요리법 등을 슬쩍 여쭈어 어머니의 지혜를 내보이실 수 있게 하는 게 좋다.

어머니의 옷 등 외모에 대해 칭찬을 곁들이는 것은 필수다. 칭찬은 사기를 돋우고 자신감을 갖게 한다. 어머니의 최대 관심사인 건강 상태에 대해서 여쭙는 것 역시 꼭 해야 할 대화 중의 하나다. 흔히 매일 듣는 아프다는 소리를 가족 모임에도 또 들어야 하냐는 생각에 무시하기 일쑤지만 아무리 하찮아 보여도 상대의 최대 관심사가 그것이면 가장 중요한 일임을 잊지 말아야 하리라.

어머니가 가진 돈이 넉넉지 않으면 평소 어머니께 용돈을 드려 손주들에게 어머니가 적은 돈이나마 용돈을 줄 수 있게 하는 것도 어른으로서의 자존감을 높이는 길이다.

스킨십을 늘린다

연로하신 어머니와 어느 날 별안간 손을 잡거나 포옹하기는 쉽지 않다. 평소 안 하던 스킨십을 시도하는 것은 특히 우리나라 사람들에게는 어색한 경우가 많다. 그런 식의 표현에 익숙하지 않기 때문이다.

그러나 살과 살이 닿는 것은 정감을 느끼게 한다. 불과 잠시 손을 맞잡거나 순간적인 포옹을 통해서도 상대의 느낌을 파악할 수 있어 더욱 그러하다. 손에서 느끼는 온기나 냉기, 부드러움이나 거침, 비누 냄새, 호흡이나 맥박의 진동을 통해 사람이 느껴지기 때문이다.

생각해보라, 우리가 우리 어머니를 안아 본 적이 언제였던가 하고. 아마 우리가 혼자 생활이 가능해져 엄마 손의 도움이 필요하지 않은 이후, 그러니까 수십 년은 족히 되리라. 그것도 안긴 것이지 안아본 적은 아마 거의 없으리라.

작은 시도로 부모님을 부축할 때 옷 입은 팔뚝을 잡기보다는 맨손을 잡아 피부를 통한 느낌을 전달받게 하는 것이 좋다. 맨손의 감촉은 많은 의미를 전달한다. 어머니의 지난 세월, 현재의 연세와 건강 상태 등을.

어머니는 시력이 좋지 않고 손놀림이 정교하지 못해 가끔 손톱이나 발톱을 깎는 데 어려움을 토로하는 경우가 있다. 자칫 손톱깎이로 살점을 끊어낼 수도 있어 요청하기 전에 도와드리는 게 좋다. 이와 함께 가끔 귀지를 파 드리는 일, 목욕 타월에 비누를 묻혀 등을 닦아 드리는 일, 역시 손이 닿지 않는 어깨나 등에 바디로션 등을 발라 드리는 일도 노인들이 좋아하는 것 중의 하나다. 이렇게 할 경우 자연스럽게 스킨십이 가능하니 자식에게 사랑받는다는 느낌을 가질 수도 있지 않을까. 역지사지하면 답이 보인다.

TV 프로 알려드리기

요즘은 지상파 외에도 종합 편성 채널들이 많아 나이 드신 어머니가 좋은 프로를 일일이 챙겨 보시기가 쉽지 않다. 어머니께 좋은 프로를 미리 선별해 일주일 치 고정프로를 미리 도표로 만들어 드리면 보다 즐겁게 하루를 보내실 수 있다.

매일 신문에 난 프로를 찾아보는 것도 쉽지 않을뿐더러 활자가 작아 가이드로 삼기에는 적절치 않다. 그리고 어머니가 즐겨 보시는 프로를 가끔 함께 시청함으로써 공통된 대화의 주제를 찾을 수 있어 좋다.

함께 보면서 이해가 어려운 부분을 설명도 하고 주인공에 얽힌 얘기도 해 드리면 아주 만족해하며 즐거워하신다. 어머니와 나 사이에 무슨 공통된 주제를 달리 만들 수 있겠는가. 어머니와 과연 하루에 몇 분을 함께 지내는지 생각해보면 어떻게 해야 할지 답이 나온다.

최근에는 특히 종합 편성 채널에서 어머니와 친숙한 주제의 수다성 이야기 프로그램이나 여행, 건강, 유익한 생활 정보, 가요를 다루는 프로가 많아 손쉽게 하루를 무료하지 않게 보낼 수 있는 방법이다. 혼자 무료하게 지내시게 하는 시간이 길수록 그에 비례해 건강은 악화되니까.

편지를 쓴다

나이가 들면 편지 쓰는 일을 자연스레 생략하게 된다. 가까운 식구끼리 새삼 형식적으로 보이고 그 내용 역시 매번 비슷한 소리의 반복으로 보여 쑥스러운 느낌이 들기 때문이다.

하지만 때로 글의 힘은 말의 힘보다 몇 배 강한 경우가 있다. 특히 상대의 마음을 움직이는 데는 편지처럼 강력한 것이 없다. 생신이나 명절 등에 건네는 편지나 카드가 형식적인 내용으로 흐르는 것은 별 정성을 기울이지 않았다는 의미와 같다.

사실 가까우면 가까울수록 할 말이 더 많은 법이다. 매일 편지를 써도 샘솟듯 할 말이 많아지는 연애 시절을 떠올려보라. 엄마에게 편지를 쓸 날도 많지 않다는 걸 느낀다면 어찌할 말이 없겠는가.

특히 가족끼리 잘 안 하게 되는 '사랑한다', '감사하다'라는 표현이 자연스럽게 먹히는 것은 편지에서 언급될 때다.

생각해보라. 우리가 '사랑한다'는 말을 할 대상이 있다는 것이 얼마나 고맙고 가슴 뛰는 일인가. 그리고 그 말을 무한한 기쁨으로 받아들이는 존재가 있다는 것은 참으로 소중한 일이다. 살다 보면 사랑한다는 말을 할 사람도, 들어줄 사람도 없는 경우가 있을 수 있다.

엄마 친구들과 나들이 하기

가끔은 동네 엄마 친구들을 모셔서 가까운 데 드라이브를 가자고 한다. 아무리 좋은 곳도 누구하고 가느냐에 따라 행복감이 다르게 느껴지기 때문이다. 친구들과 아름다운 장소나 기분 좋은 경험을 함께 느껴 두고두고 얘기를 나눌 수 있는 기회를 드리는 게 좋다.

친구분들을 즐겁게 하니 엄마가 자랑스러워하시고 평소 친구들께 받은 고마움을 자연스레 갚는 기회도 된다. 또 효도하는 모습으로 비치게 되니 어머니 친구분 자제들도 번갈아가며 이런 자리를 마련하려 노력하니 일 년에 몇 번씩은 함께 나들이할 기회가 생기니 더 좋다. 품앗이 나들이가 줄을 잇는 것이다.

꼭 멀리 야외로 나가지 않더라도 날씨 좋은 날, 한강 공원이나 고궁의 뜰, 동네 공원 등으로 나가 간단한 샌드위치로 점심을 하면 어른들이 햇볕을 듬뿍 쬐 건강에도 좋고 그날 부쩍 환해진 엄마의 얼굴을 볼 수 있다. 아무리 가까운 사이라도 지리적으로 멀면 만나기 힘들므로 어머니가 동네 친구들을 사귈 수 있도록 신경을 쓰자.

함께 집 근처 주민센터나 교회 등에 나가서 연령별 소그룹 모임 등에 참석할 수 있도록 주선하는 것도 좋은 방법이다.

선물로 때론 상품권을 드린다

　대개의 경우 엄마라는 사람들은 백화점 상품권을 건네받으면 일단 기분이 더 좋다. 뭔가 공짜가 생겨 좀 느긋하게 소비를 해야겠다는 생각이 들썩인다. 돈은 자식한테 받아도 공짜 같은 기분이 안 들고 원래 지갑에 있었던 내 돈처럼 일단 보다 생산적인 곳, 더 급한 곳에 써야 한다는 생각에 자신을 위한 곳에 쓴다는 생각은 애당초 쉽지가 않은 것이다.

　상품권이란 것이 돈과 같은 효용성이 있는 데다 이미 비용이 지불된 것이고 지정된 장소에서만 쓸 수 있어서 일단 물건으로 바꿔 내 것으로 만들어야 직성이 풀리는 묘한 소비 자극성이 있다. 유효기간이 짧은 것도 아닌데 말이다.

　보통의 엄마들이란 사람들은 숙명적으로 공짜를 좋아하는 사람이다. 특히 그 자신을 위할 때 그러하니 이것도 모성이라는 범주에 집어 넣는다면 무리일까. 그만큼 자신을 위해서는 아끼고 아껴 옷 한 벌 값을 생활비와 견주니 어디 선뜻 내지를 수가 있겠나 말이다.

　그러므로 일단 엄마 손으로 들어간 돈은 웬만해선 닳지 않는 돈이 된다.
　자신의 돈으로는 설사 그것이 자녀가 준 것이라도 선뜻 무언가를 사서 없어지는 꼴을 보지 못한다. 여러 번 생각하고 고르고 골라 살까 말까를 반복하다 세일 물건이라야 눈길을 보낸다.

특히 자기 자신만을 위한 옷이나 구두 같은 것이 대표적이다. 젊었을 때는 백화점 문턱을 드나드는 것이 당연한 것이었고 지저분하고 불편한 대형 시장에 가서 물건을 고르는 사람들을 '취향도 독특하다', '시간이 남아 하는 일이다' 등의 시선으로 쳐다본 것도 사실이다. 시장가는 걸 그냥 심심풀이 삼아 하는 것인지 알았다.

나이 들어봐라. 백화점 걸린 물건과 디자인이 똑같고 겉으로 봐서 구별이 잘 안 되면 헐값에 시장 물건 집어 들고 동네방네 자랑하기 마련이다.
그리고는 그 물건에 칭찬이 따르면 "이거 얼마 주고 샀다"가 말끝마다 붙게 마련이다.
젊었을 때는 명품 비싸게 주고 산 게 자랑일지 몰라도 자식 달린 나이 지긋한 엄마가 그러면 철없다 핀잔받기 십상이다.

그런데 가끔 백화점 상품권으로는 본의 아니게 좀 사치를 하고도 마음이 편한 게 엄마들이다. 그러므로 딸들은 가끔 일부러 상품권을 사서 엄마들에게 드릴 필요가 있다.
그래야 엄마가 기분 좋게 자신을 위해 쓸 궁리를 하니까. 그러면 옷도 한 벌 사고 종종거리지 않고 느긋하게 밥과 커피도 함께 드실 수 있을 테니까. 이 상품권 역시 샀다 하지 말고 누가 췄다 하면 엄마들은 필시 뛸 듯이 기뻐하며 상품권 쓰는데 용기백배할 것이리라.

함께 배우고 공부하기

남녀노소를 막론하고 사람이 가장 기쁨을 느낄 때는 무언가 배울 때이다. 모르는 것을 깨우치는 기쁨, 몰입하는 삼매경의 희열은 사람을 젊게 하고 의욕적이게 만든다.

또한 새로운 친구를 사귈 수 있고 나들이할 수 있는 기회도 되니 하루 종일 집에서 소일하는 어머니께 근처 노인복지회관, 주민센터나 백화점 문화센터의 프로그램을 신청해 드린다. 정적인 것보다는 노래나 율동을 곁들인 프로그램이 운동도 되고 활력을 더하니 좋을 듯하다.

재미를 붙이고 다른 이들과 잘 적응하실 때까지 초기에는 함께 등록해 나들잇길의 벗이 되는 것이 필요하다.

노인들은 외출 준비 시간도 많이 필요해 강력한 유발 요인이 없으면 자연스레 집에 머물게 되기 마련이다. 엄마 친구분들이 주기적으로 노래 교실, 일본어 교실, 라인댄스 교실 등에서 만나 함께 배우고 끝나면 차라도 함께 하면서 담소할 수 있는 기회를 만들어드리자.

어머니가 힘과 돈 안 들이고 즐겁게 지낼 수 있는 방법이다. 요즈음구, 동 단위에 이런 프로그램들이 잘 돼 있어 얼마든지 이용할 수 있다.

지혜를 구하고 칭찬한다

사람이 가장 즐거울 때 중 하나는 자신의 존재감을 확인할 때다. 특히 어머니 연세에 어딘가 기여하고 있다는 생각은 큰 즐거움을 준다. 요즘은 음식이나 집 안 관리 육아 등 어머니나 할머니께 여쭙던 것을 인터넷이 대신 대답 하고 있으니 더욱더 대화의 기회가 줄어들고 있다. 정보를 얻었다 해도 집안의 음식 맛이나 가풍을 이어가기 위해, 혹은 대화의 기회로 삼기 위해 수시로 어머니의 조언을 구하는 것도 좋을 듯. 모녀가 대화를 나눌 수 있는 좋은 소재이기에.

맛있는 것을 사다 드린다

어머니들은 미각이 퇴화돼서인지 여간해선 음식에서 맛을 즐기기 어렵다고 한다. 특히 건강상 매운 것과 짠 것을 가급적 삼가다 보면 자극이 없고 밋밋한 음식으로는 만족하기 힘들다. 소화도 잘 안 되고 먹는 양도 적다 보니 항상 속이 허전하고 미진하며 힘이 없다는 느낌을 가질 수 있다.

맛있다고 한 가지를 듬뿍 드리기보다는 조금씩 여러 종류를 사다 드린다. 다양하게 준비하면 식욕촉진제 역할을 한다. 식욕이 부진해 자주 끼니를 거를 때는 의사 처방을 받아 식욕촉진제를 약국에서 사다 드리면 도움이 된다. 그 시기를 극복해 식욕을 되찾을 때까지 이용해보라고 의사들은 권유한다.

시장기를 느끼기 전에 하루 여러 번 나누어서 자주 드시게 하는 게 좋으며 뚜껑이 있고 투명한 작은 그릇에 담아놓아 항상 쉽게 꺼내 먹고 보관할 수 있게 하는 게 센스. 혼자 드실 때는 어머니 방에 직접 가져다 놓는 것이 보다 여유롭게 많은 음식을 드시게 하는 방법이다. 매번 한식을 드시는 데 지쳐있으니 샌드위치, 생선초밥, 메밀국수, 피자나 닭튀김 한 조각을 섞어 드시게 하는 게 양을 늘리게 하는 방법이더라.

추억여행을 함께한다

노인들은 과거를 사는 사람들이다. 지나간 세월이 살아갈 세월보다 길기 때문이며 미래에 대한 희망으로 앞일을 계획하고 추진하기 어렵기 때문이다.

지금보다 젊은 시절의 얘기는 항상 더 아름답고 풍요롭고 그리움의 대상이니까. 미래는 불확실하며 급변해 그 페이스대로 따라가 적응하기 힘들므로 과거가 편하고 좋은 것이다. 그 과거에는 젊은 시절 아름다움과 능력을 발휘해 인정받았던 자신의 지난 족적이 담겨 있기 때문이리라.

또한 현재와 내일의 일로 바쁜 자식들과는 자연스레 분리돼 외로움에 빠져들기 마련이다. 시간을 내서 우리가 태어난 곳, 어렸을 때 엄마와 함께 살던 동네, 아버지와 어머니가 데이트하던 장소, 많이 달라진 추억의 거리 등을 함께 여행하면 어머니가 많은 얘기를 할 기회가 생겨 좋다. 생기가 도는 어머니는 어느새 노인에서 벗어나 있음을 보게 된다. 어머니는 잠시나마 그때 그 시절을 여행하고 있으니까.

목욕을 함께한다

모녀간이라도 함께 옷을 벗고 맨몸으로 만나는 일은 쉽지 않다. 아마 어떤 이는 그 기억이 유년기에 머물러 있을 지도 모를 일이다. 아무리 엄마라지만 유년기와 달라진 몸을 엄마에게 보이는 것도 그렇고 부쩍 늙어 탄력 없이 늘어진 엄마의 벗은 몸을 보는 것도 송구하고 멋쩍어서다. 근데 이런 건 한번 시도로 단숨에 편해진다. 한번 벽을 무너뜨리면 편안함과 행복감이 대신 들어선다.

대부분 집 안에서 샤워나 간단한 목욕에 익숙해져있지만 엄마 세대는 특히 대중탕에서 뜨거운 물에 몸을 담가 '시원했던' 기억을 간직하고 있다. 어깨가 뻐근하고 으슬으슬 한기가 올 때 대중목욕탕은 저렴한 가격에 몸과 마음을 여유 있고 훈훈하게 하는 좋은 방법이다. 거기다 오랜만에 딸과 함께하는 목욕 나들이는 열 아들 가진 사람 부럽지 않게 하는 힘이 있다.

엄마의 등을 밀어드리고 바디로션을 손닿지 않는 곳에 발라 드리면서 자연스럽게 엄마와 스킨십을 나눌 수 있어 더없이 좋다. 살다 보면 그렇게 가까운 엄마의 손 한번 잡기가 쉬운 게 아니다. 의도하지 않으면 말이다. 피부가 맞닿을 때 분명 한층 가까워진다는 게 금방 느껴진다. 만져져 온기가 전해지는 상대가 그야말로 실체로 다가오고 느껴지는 것이다.

좀 더 긴 시간을 함께 하려면 찜질방에 가는 것도 좋은 방법. 여러 종류로 나뉘어있는 찜질방을 드나들고 휴식을 취하는가 하면 식사도 함께할 수 있어 권할 만하다. 같은 공간에서 쉬면서 함께 또는 따로 시간을 보낼 수 있어 오랜 시간 있어도 부담이 덜하다.

노래방이 갖춰져 있다면 오랜만에 모녀가 함께 노래 부르는 것도 좋은 방법. 노래는 자주 불러야 목청이 트이고 올라간다. 추억의 옛 노래를 부르는 것 자체가 어머니께는 즐거운 놀이다.

여유가 된다면 그 안에서 실시하고 있는 좌욕이나 발 마사지 등을 엄마에게 시켜드리면 한결 기분 좋아하실 게 분명하다. 엄마는 분명 오랜만에 편하게 쉬었다는 느낌을 가질 것이다.

정신건강을 체크한다

늙으면 기억력이 떨어지기 마련이라며 별생각 없이 어머니의 정신건강을 간과하는 경우가 많다. 어머니를 돌보는 자식들도 요즘 건망증으로 고민하는 예가 많으니 으레 그러려니 하다가 나중에 후회하는 경우가 종종 있다. 어머니는 물론 간호하는 가족들도 어머니의 그런 모습을 보는 것은 오랫동안 큰 상처가 된다. 어머니를 돌아가실 때까지 아름다운 모습으로 계시게 하자.

가까운 구청에서 운영하는 치매지원센터나 보건소에서 하는 무료 치매 검진 발병 초기 인지 재활치료를 시작하면 약해지는 것을 막을 수 있단다. 치매 명의로 알려진 서울 성모병원 신경과 양동원 교수는 자기장을 이용한 치매치료법을 쓰고 있고 이 내용이 뉴욕타임스에도 소개된 바 있다. 이 치료법은 고주파 자기장으로 사고력을 주관하는 뇌의 전두엽 부위를 자극하는 방식이다. 이 방법이 다른 부위의 뇌신경까지 활성화시켜 기억력이 높아지고 우울증이 개선되는 효과가 있다는 것. 또 뇌의 기억중추인 해마 크기의 진화를 통해 치매 발전 가능성을 알아봐 조기 발견에 도움을 주는 DTI(Diffusion Tensor Image) 진단법을 병원을 통해 적극 활용해보라고 권한다.

　전문가들은 평소에 친밀한 인간관계를 갖는 것이 치매 예방에 큰 역할을 하니 어머니가 가족이나 친구들을 자주 볼 수 있도록 하라고 조언한다. 어머니의 거동이 불편할 경우 친구분들을 모시고 함께 근거리 여행을 하거나 집으로 모셔 편안한 상태에서 오랜 시간 우정을 이어가도록 하라고 권한다. 이렇게 친구관계를 맺고 있는 어머니들의 딸들과 소통해 돌아가면서 순번을 정해서 하는 것도 좋은 방법이다. 그러면 모시는 사람도 부담이 적고 새로운 친구관계도 맺을 수 있고 그분들 중 한 분이 행동이나 인지의 장애가 있어도 별 어려움 없이 함께 시간을 보내면서 어려움을 헤쳐나갈 수 있으니 권할 만하다. 미리 서둘러 호미로 막을 것 가래로 막지 않게 해보자.

가벼운 일거리 드리기

　노인을 모시는 딸들은 흔히 연로한 어머니가 설거지를 돕겠다고 하면 그냥 손사래를 치는 경우가 많다. 노모의 눈과 팔힘이 시원치 않으니 설거지한 그릇이 깨끗하지 않다는 이유에서다. 경우에 따라서는 비눗기가 그대로 있어 다시 해야 하므로 별 도움이 안 된다는 것이다. 힘든 몸으로 부엌에서 그분들이 왔다 갔다 하는 모습을 보는 것이 더 힘들다는 얘기도 있다.

하지만 그 작은 일이 엄마에게 큰 뿌듯함을 준다면 달리 생각할 일이다. 입장을 바꿔서 생각해보라. 하루 24시간을 별 소일거리 없이 침대나 의자에 앉아있다는 것은 고역이다. 편한 게 아니다. 몸이 피곤해 쉬어야 할지라도 일을 함으로써 생기는 생동감과 성취감이 더 도움이 되는 것이다.

설거지가 영 마뜩잖으면 멸치 똥 따기나 마늘 껍질 벗기기, 빨래 개키기, 가벼운 부직포 밀대로 본인 방 청소하기 등의 기회를 드리는 것은 효도하는 것과 다름 아니다. 일거리를 만드는 것이 배려고 효도다. 도움을 줄 수 있다며 기뻐하시니까.

그리고는 다 했을 때 "도움이 많이 됐다. 감사하다"라고 전하면서 엄마의 표정을 보면 엄마의 좋은 기분은 단박에 느낄 수 있다. 기여함으로써 자기의 존재가치와 삶의 의욕도 얻을 수 있다. 그 의욕이 면역력을 강하게 해 병마도 물리치게 한다.

아무것도 하지 않고 죽을 날을 기다리는 것이 일이 돼 버린 노인의 외로움을 기억하자. 한때 우리의 앞길을 열면서 모든 것을 제공했던 그 강렬하게 빛나던 엄마들은 이제 책을 읽기도 외출을 하고 영화를 보고 쇼핑도 할 수 없는 사람들 아닌가. 모든 길이 다 막혀있고 잘려 있다고 상상해보라. 칠흑 같은 어둠 속에 있다고 내가 있다고 한번 생각해보자. 눈물이 날 거다.

어머니, 울지 마세요

누군가에게 길들여진다는 것은
눈물 흘릴 것을 각오해야 한다는 것이다.

- 앙투안 드 생텍쥐페리

"어머니, 왜 우시는 건데……. 도대체 왜?"
"우리 엄마가 큰 나뭇가지에 그네를 매달고 내 등을 밀어주셨는데……."
90이 가까운 어머니가 전화를 걸어 느닷없이 목이 멘 채로 울먹이며 내뱉은 말씀이다.

"아니, 그게 별안간 무슨 말씀이세요?" 순간 어머니의 난데없는 흐느낌이 곧바로 딸의 심장을 쿵쿵 뛰게 한다.
"얘야, 오늘이 바로 단오절이야. 우리 엄마가 나 어릴 때 해마다 이 날, 그네를 태워줬던 생각이 났어." 어머니는 마치 어리광을 부리며 서럽게 우는 어린아이 같았다.

어머니가 현재 사시는 집, 바로 옆 노인복지관에서 어르신들을 모셔놓고 단오절 행사를 하는 날이었단다.

어느덧 환갑을 훌쩍 넘겨버린 딸에게 아이처럼 그렇게 울먹이곤 "미안하다, 미안해"를 반복하며 전화를 끊으셨다. 언제부터인가 어머니는 자신과 오래전에 사별한 당신의 어머니를 '울 엄마'로 바꿔 부르고 있었다. 다 늙어가는 딸은 어느덧 '엄마'를 자연스레 '어머니'로 바꿔 부르는 나이가 됐는데…….

어머니가 그리도 화창한 봄날, 많은 사람들이 지켜보는 노인복지관에서 식판을 받아놓고 어깨를 들먹이며 울음을 터뜨리시다니……. 주름 가득 여윈 손으로 눈물을 닦아가며 닳아빠진 틀니를 추스르며 우물우물 밥을 씹어 넘기셨을 것 걸 생각하니 가슴이 곧바로 저려 왔다.

게다가 주위 사람들에게 아주 가여운 모습으로 비쳤을 어머니 모습과 상황을 그려보니 참담한 기분이 들었다. "아니, 딸자식을 이리도 세상에 대놓고 천하에 없는 불효녀로 만드시다니" 하는 원망의 곤혹스러운 감정과 함께.

과연 자신의 몸 하나 제대로 추스르기 힘든 상태에서 희망 없는 나날을 홀로 메꾸어가며 살아간다는 것은 얼마나 고역일까. 그 어떤 무엇이 홀로 사는 노인의 근원적 외로움과 두려움을 잠재울 수 있을까 생각하니 어머니의 처연한 막막함이 고스란히 느껴져 왔다.

어머니가 또다시 자유로운 '독거노인'이 되고 싶다며 딸·사위 집을 3번째 탈출하신 이후 딸은 거동도 불편한 노인 혼자 무엇을 어떻게 해서 하루 끼니를 연명하는지 거의 잊어가고 있었다. 아니, 무관심해 지려 노력하고 있었다고 해야 맞다.

"그렇게 말려도 스스로 뛰쳐나간 셈이니 그 선택의 책임은 어머니가 지는 게 당연하다"며 여전히 매몰찬 자기변명과 책임 전가에 급급하고 있었으니까.

주위 친구들에게는 "남의 자식들은 부모 안 모시겠다며 서로 미룬다는데 우리 어머니가 배가 부르시구만" 하며 떠들어댔다.

딸은 바로 그 시간도 여느 날과 마찬가지로 그럴듯한 레스토랑에서 친구들과 왁자지껄 수다를 떨며 유쾌하게 그날 오후를 소비하고 있었다. 점심 식사 중 걸려온 어머니 전화도 일단 모른 척하고 나중에 걸까 하다 혹시 급한 일이면 어쩌나 해서 받은 거였다.

매일 조그만 방 안에 갇혀 맴돌다 어쩌다 단옷날이라 해서 보행기에 의지해 나가본 복지관에서 딸자식마저 그 전화를 받지 않았다면 어머니 가슴은 얼마나 황량함으로 갈기갈기 찢기었을까 식은땀이 났다.

나중 들어보니 마침 그날은 어머니가 다니던 노인복지관으로부터 "쇠약하니 혼자서는 시설 이용을 더 이상 허용할 수 없다. 이제 보호자가 함께 와야 한다"는 주의를 받으셨다는 거였다. 바쁜 딸 신세 안

지고 그 복지관의 식사와 시설에 의지하겠노라며 굳이 주거용 오피스텔의 '독거노인'이 되셨는데 말이다.

어머니는 그날, 지난 1년간의 '의지처'에서 외면당한 서러움이 함께 발동해 더욱 눈물이 쏟아졌다는 거였다. 끝까지 홀로 서 보려는 어머니의 강인한 독립심은 처절하게 부정당했다. 집 나간 어머니가 사위 앞에서 무안하지 않게 다시 딸네 집으로 들어오실 수 있는 좋은 계기가 생겼다고 나 자신을 위로해야 하나.

어머니가 딸네 집, 한정된 작은 공간에서나마 노년 막바지의 소외감을 느끼지 않고 집안 어른의 자리를 편안하게 받아들이실 수 있도록, 어머니가 무엇이 그토록 불편해 자꾸 탈출을 시도하셨는지도 다시 꼼꼼하게 살펴봐야겠다.
"나이가 들면 사회 곳곳에서 자연스레 부정당하는데 그거 체념하고 살아야 해"라고 말씀드릴 수는 없는 일이다. 사람에게는 본능적으로 독립욕구와 인정욕구가 죽는 그 날까지 강하게 살아있다 하지 않는가.

시간의 공평함 속에서 모든 인간은 한 가지 병을 필히 앓는다고 했다. 치사율 백 프로의 병, 바로 '노인병', '죽을 병'이라는 거다. 우리의 노력 없이도 필히 얻어지는 거의 유일한 것이 노년이라 했다. 어머니와 나는 이제 함께 그 노년을 얻어 빠른 속도로 지나가고 있다.

"우리 모두가 함께 사는 곳, 허허롭지만 따뜻하구나, 슬픔도 기쁨도 왜 이리 찬란한가."

한 소설가가 고인이 되기 전 그의 시, 「삶」(박경리 저)에서 말했듯, 세상의 슬픔도 기쁨도 찬연하게 느낄 수 있는 생명 주심에 감사하는 시간들이 함께 늙어가는 우리 모녀에게 좀 더 많았으면 하는 바람이다. 부디 내 어머니의 머릿속에 '오래 살아 미안하구나' 하는 생각이 자리하지 않기를 기도하련다.

죽음을 기억하라 - 메멘토 모리

> 인생은 짧다. 다투고 사과하고 가슴앓이하며 해명할 시간이 없다.
> 오직 사랑할 시간만 있을 뿐 그것은 한순간이다.
>
> - 마크 트웨인

어머니가 하루하루 힘들게 살아가시는 걸 보고 늙음이, 죽음이 두려워졌다. 아니 죽음보다 죽음으로 가는 길이 공포스럽다. 그전에는 죽음이 먼 훗날 졸지에 들이닥칠 것이라 생각했으나 죽음은 마치 인간이 얼마나 나약하고 무기력한 존재인지 그 한계를 스스로 깨닫게 하는 과정을 반드시 거쳐야 도달할 수 있다는 생각이 들었다.

물론 가끔 예외가 있으니 그것을 큰 복이라 하지 않는가. 그러니 말년이 고통과 회한에 절어 행복하지 않으면 살아온 전 인생이 실패한 것인 양 불운하게 느껴질 터다.

우리 모두 언젠가는 '거친 삼베옷에 흙덩이 베고 홀로 누울' 그런 인생을 살고 있다. 아니, 바람에 뿌려져 흔적도 없이 사라질 한 줌의 재가 될 것을 단 몇 번이라도 생각해본 적이 있는가.

죽음을 앞두고 사람들이 생각하는 것은 무엇일까. 내 통장에 남은 돈일까, 내가 살고 있었던 멋진 집일까, 내가 가장 높은 자리에 올랐던 그 시간들일까⋯⋯. 생각하면 대답은 자명해진다.

미국 애플사의 창업자로 세상을 바꾼 천재 기업인 스티브 잡스(1955~2011)가 투병을 하며 마지막 남긴 말은 우리가 평소에 무엇을 생각하며 살아야 할 것인가를 극명하게 보여준다.

"우리가 지금 삶의 어떤 단계에 있든 종국에는 운명의 어떤 날을 대면하게 될 것이고 우리 눈앞에 커튼이 내려처짐을 보게 될 것이다.
이제 나는 죽음을 앞두고 비로소 알 것 같다. 우리의 인생을 지탱할 재물을 얻었다면 그다음엔 그 재물과 무관한 다른 일들을 추구해야 한다는 것을. 사람들과의 따뜻한 관계, 예술에의 지향, 그리고 젊었을 때 품었던 꿈들을⋯⋯."

내 전 인생을 통해 이룩한 거대한 재산은 이제 가져갈 수가 없다. 내가 가져갈 수 있는 것은 사랑이 충만한 기억들뿐이다. 그 기억들만이 나와 함께하고 나를 따르고 나아갈 수 있는 힘과 빛을 줄 진정한 재산들이다. 부디 가족에의 사랑을 소중히 여기라. 주위 사람들을 따뜻하게 가슴에 품으라.

더 이상 무슨 말이 필요한가. 그는 천문학적인 재산을 향한 끝없는 욕구가 자신을 '뒤틀린 인간'으로 만들어놓았다고 자책했다.

그를 포함해 병석에 누워 작별을 고하는 주위의 많은 사람들은 거의 예외 없이 가족과 주변 사람들에게 따뜻한 사랑을 전하지 못했음을 아쉬워하고 미안해하며 떠났다.

우리는 덧없이 사라질 인생사 자질구레한 일에 코 박혀 정작 중요하고 큰 것에는 미처 마음을 주지 못하고 있다. 그러한 일상사 작은 일들에 떠밀려 그나마 험한 세상 살아낼 수 있는 것인지도 모르지만.

그래서 정작 우리 뒤에 거대한 죽음의 문이 어느 날 열려 모든 것을 끝내리라는 엄연한 사실을 실감도 못한 채 서서히 생명을 잃어가고 있는 건지도 모른다.

당신은 마땅히 사랑을 주고받아야 할 사람들에게 행복을 전하면서 살고 있는가. 어머니가 주신 무한한 사랑은 조금이라도 갚아가며 살고 있는지 물어오면 대답이 곤궁해진다.
이 나이 되도록 살아내면서 언제 한번 흡족한 '그 어머니의 딸'로, 언제 한번 의젓한 '내 자식의 어머니'로 당당하게 살아낸 적이 있는가 부끄러워질 뿐이다.

그렇다면 돈과 재물이 있는 당신 자신만이라도 행복한가.
우리는 늘 물질이나 지위를 더 소유하느라 많은 시간과 에너지를 소비하지만 그건 설사 가진다 해도 '쾌락적응원리'에 따라 금세 익숙해져 더 나은 것을 찾아 나서게 되니 종국에는 사람을 지위나 돈의 하수인으로 전락시킬 공산이 크다.

게다가, 그나마 재물획득이 얼마간의 기쁨을 주는 것도 그 획득물을 기뻐해 주고 칭찬해 주는 교감과 소통의 생명이 옆에 있기 때문이리라. 돈과 지위를 얻어도 사람의 온기가 덧입혀져야 행복의 충분조건이 되는 것이란 얘기다.
봐주는 사람 없고 나눠 쓸 사람 없으면 그깟 거 공허한 휴짓조각에 불과하지 않겠는가 말이다.

당연히 행복은 사랑을 주고받을 때 오는 것이지 혼자 배부르게 받고 독차지한다고 해서 찾아오는 것이 아닌 것이다. 사랑의 교감만이 행복을 여는 열쇠이기에.

하버드대학이 지난 70년간 700명의 사람들을 매년 인터뷰하고 그 생활상을 추적하면서 최근 얻은 결론은 사람들을 행복·장수하게 하는 건 명예와 돈이 아니라 '좋은 관계'라는 것이다. 이 연구는 사람들이 평범하지만 소중한 이 진리를 자꾸 잊어 불행을 자초하는 어리석음을 범하고 있다는 사실을 환기시키고 있다.

누군가는 내가 '어머니'하고 부를 때 '오냐, 왜?' 하고 대답이 돌아오면 당신은 행복한 사람이라고 한다. 또 마음이 답답할 때 찾으면 언제라도 내 이야기를 다 들어주고 그 답답함을 안타까워하는 대상이 있으면 행복한 것이라고도 한다.

그런 변함없는 대상으로 유일무이한 존재인 어머니가 살아계신다면 오늘이라도 '내리사랑'은 그만 받고 '윗사랑'(치사랑)'을 실천해보면 어떨지.

어머니를 위해서도, 그 사랑을 전하는 나 자신의 행복을 위해서도 좋고 이를 지켜본 내 자식도 배워 실천할 터이니 일석삼조이리라.

한 무명 가수를 스타로 만든 노래(타타타)의 한 구절처럼 "산다는 건 좋은 거지. 수지맞는 장사잖소 / 알몸으로 태어나서 옷 한 벌은 건졌잖소 / 우리네 헛짚는 인생살이 한세상 걱정조차 없이 살면 무슨 재미~ / 그런 게 덤이잖소."

세상사 걱정에 휘둘려 사랑 나눔에 신경 쓰지 못할 처지라면 이 노래 몇 번만 반복해 흥얼거려보자. '그래 세상사 별거더냐' 소리가 절로 나오면서 진정 소중한 가치에 대한 제정신을 차리게 되니 누가 뭐래도 이런 유행가는 그럴싸한 거다.

　모든 삶은 죽음을 향하고 있고 누구나 예외 없이 죽는다. 죽음을 기억하면서 오늘이라도 심기일전해 의지적으로라도 어머니 사랑을 실천해보면 어떨지······.

엄마, 우리 나무로 태어나 숲에서 만나요

*하나님은 당신이 주신 생명들에게 짊어질 수 있는 고통만,
또 그 생명을 살아낼 완성의 힘을 주셨다잖니.*

- 김경자

어머니, 지난겨울 당신이 묻힌 한 평 언 땅에도 다시 생명의 봄이 찾아왔습니다.

돌처럼 얼어버린 땅을 파내 그 차가운 곳에 당신을 묻고 온 후 다시는 우리에게 봄이 찾아오지 않으리라 생각했습니다. 찬바람이 몹시 부는 날은 창밖을 내다보며 그 적막한 곳에 홀로 누워계신 당신 생각에 가슴이 저려옵니다. 그래요, 엄마. 당신은 돌아가실 때 들판에 핀 할미꽃을 닮은 모습으로 자연과 하나가 되셨지요.

어머니, 우리 다음 생애는 나무로 태어나 숲에서 만나요. 몹시 추운 날, 벌거벗은 몸으로 혹한을 견디면서 주어진 제 자리를 탓하지 않는 나무를 보면서 어머니를 떠올렸습니다.

봄, 여름, 가을, 겨울 때마다 제각각 다른 모습으로 인고의 세월을 견뎌낸 어머니의 모습과 흡사한 나무는 겨울 길목에서 제게 어머니의 말씀을 깨우치려 거기 일부러 서 있는 듯했습니다. 어머니는 늘 잎이 무성하고 품이 넓은 아름드리 느티나무를 좋아하셨지요. 엄마와 제가 함께 좋아서 일부러 그 그늘을 찾아가 그 풍성한 매무새를 쓰다듬기도 했던 나무 말이에요.

어머니는 힘든 세월을 살아가는 제게 겨울나무처럼 버티면 봄은 반드시 온다는 얘기를 하고 계신 것 같습니다. 죽기살기식으로 버텨 남은 생애를 감사하며 살 것을 주문하시는 것 같습니다. 매서운 겨울바람의 소리를 빈 가지에 일으키면서 당신은 제게 이렇게 말씀하시는 듯합니다.

"얘야, 혹한에 견디고 있는 저 나무와 풀, 그에 깃들어있는 생명들을 보렴. 하나님은 사람에게 당신이 주신 생명을 살아낼 자기완성의 힘을 주셨단다. 충분히 버텨나갈 힘을 말이야. 하나님은 짊어질 수 있는 고통만 생명들에게 주신다잖니"라고 평소 즐겨 하시던 말씀을 하시는 것 같습니다.

어차피 봄이 왔으니 당신의 휠체어를 밀고 함께 다녔던 그 길의 고목에도 또 물이 오르고 꽃이 피길 바라는 마음 간절합니다. 올해도 당신이 가신 언덕에 온갖 꽃들이 순서를 기다리며 피겠지요. 목련도

진달래도 벚꽃도 수선화도요……

꿈에서 한 번씩 당신이 나를 부르는 소리에 저의 언 가슴이 녹아내립니다. "얘야, 밥은 먹고 다니니?", "왜, 오늘 무슨 일 있니?", "웃어보렴, 그래야 예쁘지……"

그저 바라보기만 해도 좋은 당신은 매정하게 떠나셨습니다. 이제 제가 할 일은 당신이 제게 주셨던 넓은 그늘의 품을 배워 내 아이에게도 그 품의 의미와 사랑을 말없이 전달해 온몸으로 받아들이게 하는 것이지요.

어머니, 다시 한 번 제 이름을 불러주세요. 그럼 전 당신이 계신 것처럼 힘을 얻어 일어설 거에요. 한겨울, 철벽같이 서 있는 나무 한 그루를 보고도 힘을 얻는 것은 당신의 몸을 통해 하늘이 제게 준 자생력이라는 선물 때문인 거지요.

제가 서 있는 자리에서 추운 바람과 햇빛의 양을 탓하지 않겠습니다. 여러 악조건 속에서도 이를 탓하지 않고 내일을 위한 움을 틔우며 또 다른 인생의 겨울을 예비하는 시간으로 삼겠습니다.

다시 봄을 맞아 당신을 불러봅니다. 당신에게 기도하는 마음으로 당신 생전에 제가 가끔 들려드렸던 시를 보내드립니다.

"새해에는 나무처럼 살고 싶다 / 그냥 나무처럼 붙박여 살고 싶다. / 한 발짝 움직이지 않고도 어린 자식을 키워내고 말씀을 빚어내고 / 빈 가지로 바람을 연주하는 나무로 살고 싶다. / …… 말하지 않고도 시를 쓰는 나무의 은유처럼 / 온몸에 많은 잎을 달고도 진실로 침묵하는 나무가 되고 싶다/ 침묵으로 웅변하는 나무가 되고 싶다 / 삶은 베풀 때 완성되느니/ 그늘을 주고 꽃을 주고 열매를 주는 나무처럼/ 추운 아궁이의 뜨거운 불이 되기도 하고/ 사람의 따뜻한 가구가 되는 나무처럼/ 가진 것을 다 주는 나무로 살고 싶다 /그대는 나의 나무가 되어다오 /우리 나무와 나무로 만나 숲을 만들자/ 그런 사랑들이 만드는 숲이 되자"(「나무기도」/ by 정일근)

어머니, 이 「나무기도」처럼 그렇게 다음 생에는 우리 나무로 태어나 숲에서 만나요. 그래서 저희 곁을 무심코 지나는 이들을 위해서도 우리 몸 스쳐 간 시원한 바람도 숲향기도 보내구요.

그리고 아궁이의 뜨거운 불을 지피는 나무도 되고 사람들을 위한 따뜻한 가구가 되기도 해요. 붙박인 제 자리를 탓하지 않고 침묵으로 조용히 큰 숲을 만드는데 보탬이 되는 저 나무 말이에요.

어머니, 당신은 늘 따뜻한 햇볕, 부드러운 바람결을 타고 오늘도 말을 거십니다.

"그래, 밥은 잘 먹고 다니니? 세상사 별거 아니야. 무리하지 마라. 건강이 있음 견뎌낼 수 있어."

그래요, 어머니. 어머니도 거기서 밥 잘 드시고 계시죠? 돌이켜 보면 어머니 참 잘 참으면서 이 복잡한 한 세상, 오래도록 잘 살아내셨네요. 어머니 없는 저, 어디다 속 시원히 투정할 곳조차 없음을 가슴 시려하면서 어머니 부재의 황망한 빈공간을 깨닫습니다.

사랑하는 어머니, 누군가 그랬습니다.
"살아도 산 것이 아니고, 죽어도 죽은 것이 아닌 것도 있다. 살려서 간직하는 건 산 사람의 몫이다. 그러니 무엇을 슬퍼한단 말이냐."
그래요, 뒤늦었지만 내 어머니를 영원히 살려서 간직하기! 그 선택은 살아있는 이 딸, 저의 몫입니다.
누군가 또 그랬습니다.
"내가 죽어야 비로소 어머니가 돌아가신 겁니다"라고.
그러니, 사랑하는 어머니, 당신은 오늘도 여전히 제 곁에 살아계신 겁니다.

[이 글은 사랑하는 어머니를 떠나보낸 제 친구의 심경을, 역시 노모를 안타깝게 바라보는 이 책의 저자가 함께 느껴 대신 써서 여기 올린 것입니다.]

어머니를 공부하자
엄마와 자식, 평생 사이좋게 지내려면?
그리운 이름, 어머니
아름다운 당신, 어머니
위대한 그녀, 어머니
난 충분히 행복해
당신은 내 운명
즐거운 우리 집 - 어머니, 우리 여기서 끝내요
어머니, 그 불가침 영역

IV.
어머니,
당신은 내 운명

어머니를 공부하자

진정한 사랑은 영원히 자신을 성장시키는 경험이다.

- M. 스캇 펙

페이스북에서 어쩌다 부닥치는 K 시인이 어느 날 느닷없이 '어머니를 공부하자'라는 제목의 글을 올렸다. 중년기에 접어든 그 남성이 한 감성적인 제안이 의외로 다가왔다.

공부해야 하는 이유로 자신의 돌아가신 어머니를 추억하고 싶은데 정작 그 대상을 제대로 아는 게 없어 추억조차 어려움을 뒤늦게 알게 됐다는 요지였다.

현직 교사인 그는 수능시험도 끝났으니 고교생들이 이참에 엄마, 아빠에 대해 공부해보면 어떻겠냐며 공부거리 몇 가지를 적어놓았다. 부모님이 어떤 계절과 날씨를 좋아하시는지, 또 좋아하는 음식, 색상과 노래 그리고 배우와 가수, 또 감명받은 책이나 영화, 그림은 무엇인지 등을 열거했다. 맞다. 아는 만큼 보이고 자세하게 들여다보아야 사랑할 수 있다는 말이 있지 않은가.

공부거리를 보는 순간, 심히 민망해졌다. 도대체 내 나이가 몇인데 일생을 같이 해 온 부모의 저런 사소한 취향도 거의 대답할 수 없으니 이게 무슨 부끄럽고 배은망덕한 작태란 말인가.

어머니, 아버지는 그냥 나의 편리를 위해 헌신하고 소비되는 도구 정도로 여겨 온 것이 아니고 무엇인가. 나는 부모를 내게 무엇을 해주고 안 해준 사람으로만 기억하고 있는 정도가 아니면 무엇인가.
또 내게 주어졌던 꾸중이나 회초리 등은 악착같이 기억하면서 그저 분노와 비판, 책임 전가의 대상으로만 여기지 않았던가 말이다.

내 어머니가 몇 가지 감정의 덩어리이며 그걸 자신의 화풀이 삼아 억울하고 연약한 자식에게 쏟아부었던 사람으로 기억하는 게 전부라 해도 과언이 아니다. 왜 그분이 그렇게 하지 않으면 안 되었을까 하는 그 이면의 원인을 꿈엔들 생각조차 해본 적이 없으니 말이다. 혹은 어머니 분노 감정 유발의 원인이 된 나의 잘못은 만에 하나라도 생각해 본 적이 없는 것이다.
가끔 선산에 묻힌 내 아버지 묘소에 들린다. 아버지는 비교적 이른 연세인 73세의 나이로 돌아가셨다. 파킨슨병으로 온몸이 굳고 꼬챙이처럼 말라 비틀비틀 가여운 모습으로 말년을 걷다가 세상과 하직했다.

병원 진료를 받으러 가기 위해 급히 식사를 하시다가 밥이, 좁아진 식도를 막아 질식사한 것 같다는 것이 옆에서 지켜본 어머니의 말씀이다.

남겨진 우리 남매는 가실 때가 되어 잘 가신 거라며 별로 슬퍼하지 않았다. 우리는 늘상 자식과 아내를 힘들게 했던 그분의 사라짐을 홀가분하게 여기기조차 한 것 같았다. 그리고 힘들게 투병하시느니 당신을 위해 좋은 것이라고 그렇게 일말의 죄책감을 정리했다.

아버지를 선산에 모신 후 우리는 곧 일상으로, 예전과는 사뭇 다른 평화로운 일상으로 돌아왔다. 아버지가 돌아가신 이후 어머니는 일생에서 가장 편안한 시간들을 보내고 있다고 가끔 자조하듯 말씀하시곤 했다.

우리는 아버지를 까마득하게 잊었다. 그렇게 우리를 낳아준 아버지는 우리의 머릿속에서 먼 이웃인 양 사라져 갔다. 그리고 자식과 부모 관계가 무턱대고 가까운 관계가 아니라는 걸 알았다. 얼마든지 맘 놓고 미워하고도 자책하지 않아도 되는 관계일 수 있음을 알았다. 때론 자식의 행위를 정당화하기 위해 얼마든지 깎아내려도 되는 대상이며 관계임을 알아챘던 것이다.

매년 한두 번 산소를 형식적으로 찾는 내게 언제부터인가 조금씩 변화가 일었다.

쑥이 뒤덮이고 군데군데 패인 아버지 산소를 대하면서 나도 모르게 첫소리로 튀어나오는 말이 "아버지, 죄송해요"였다. 그러면서 "그동안 잘 계셨느냐"는 둥 옛날 내 할머니가 그러하셨듯 혼자 아버지께 미안함과 용서를 구하는 잔소리들을 쏟아내는 자신을 발견하곤 한다.

이제 슬슬 아버지 삶이 얼마나 고단했을까가 저절로 그려지는 것이다. 어릴 적 일찍 돌아가신 당신 아버지의 부재와 혹독한 경제적 빈곤이 한 인간의 성장에 어떤 영향을 미쳤을까 나도 모르게 안타까움을 느끼게 되면서부터다.

내 늙은 아버지 안에 줄곧 갇혀 있었던, 아직도 자라지 않고 있었던 또 다른 '내면 아이'의 아물지 않은 상처가 나도 모르게 느껴지는 것이다. 10대 초반 깡촌에서 무일푼으로 상경해 갖은 고초 끝에 검정고시로 대학을 나오고 다시 공부해 고위직 공무원을 거쳐 대학교수에 이르기까지의 험난했던 과정을 살면서 줄곧 힘들었고 상처받았을 그분 내면의 연약한 존재 말이다.

흔히 심리학에서 일컫는 '내면아이'는 유년시절 강렬하고 충격적인 경험을 겪은 아이가 당시의 내부 상처나 충격을 극복·치유하지 못하고 그대로 갖고 있어 어른이 된 육체와는 달리 정신과 사고는 유아기적인 모습을 드러내는 경우를 말한다. 이런 경우 당사자는 자신도 인지하지 못하는 상태에서 특정 상황에 마주할 경우 걷잡을 수 없는 분노조절장애를 일으키는 무의식적 행동을 들어낸다는 것이다.

아버지는 천애고아처럼 그 자신 혼자의 자립도 힘겨운데 얼떨결에 얻은 자식들은 그저 자신을 짓누르는 돌덩이로 여길 수밖에 없었으리라.

혹독한 세상의 어려움과 치열하게 벌여 얻은 힘겨운 보상에 아내와 자식이 그저 무임승차하려는 부담으로밖에 느껴지지 않았을 것이리라. 그 상황의 절박, 처절함이 그려져 이제사 초로가 된 자식의 가슴이 먹먹하게 느껴져 오니 이런 게 하늘의 가르침, 인생의 섭리라는 것인가 보다.

그런 남편의 냉대 속에서도 두 자식을 키워내기 위해 온갖 일을 마다치 않았던 어머니 역시 얼마나 고군분투하며 가정을 지키셨을까 새삼 가슴이 저려오곤 한다.
어머니는 자주 되뇌셨다. "너희들 결혼만 시켜놓고는……"이란 말을. 당신의 자식들을 결손가정의 자식으로 대우받으면서 결혼시키고 싶지 않다는 바람이셨을 것이다.

이제 머리가 희끗해져 20여 년의 차이를 두고 그 부모의 길을 고스란히 따라가고 있는 이 자식은 이제 "어머니, 당신의 그 작고 가녀린 몸으로 어떻게 그 고단했던 삶을 헤쳐오셨습니까. 당신은 도대체 그 큰 아픔과 고통을 누구로부터 위로받고 누구를 의지하셨습니까?" 하는 소리가 절로 나온다.

대학을 졸업하고 드디어 직장을 얻어 경제력을 확보한 내가 호기롭게 "어머니 이제 그만 헤어지셔도 돼" 호언장담할 때도 어머니는 여전히 "너희들, 결혼한 후에……" 하셨다.

그러고도 어머니는 꾸역꾸역, 온갖 아픔과 수모, 괴로움을 참아내셨고 아버지가 오랫동안 병석에 누워 돌아가실 때까지 한결같은 정성과 측은지심으로 지아비의 마지막 길을 배웅하셨다. 그리고는 일체 아무 말도 하지 않으셨다.

적막하고 지루한 노년의 나날에서 다른 옛일을 회상하는 시간들이 주를 이루지만 혹독했던 배우자를 향한 원망이나 질책의 말도 내놓지 않으셨다.

마치 50년 함께 한 지독한 세월을 까마득히 잊은 듯. 남겨진 자식들도 약속이나 한 듯이 어머니의 예를 따랐다.

사랑하는 나의 어머니, 그 과정을 고스란히 보아온 자식들, 그 혹독한 시련과 인내의 담금질 없이는 그 어느 것도 가능하지 않다는 것을 저마다의 삶에서 잘 확인하고 있으니까요.

말 없는 삶의 스승, 어머니……. 당신은 이제 내 운명이 되셨습니다.

엄마와 자식, 평생 사이좋게 지내려면?

부모는 인류의 미래를 만드는 사람이다.
자식들이 조금씩 커가고 발전하면서 세상의 앞날은 진보하기 때문이다.

— 임마누엘 칸트

최근 주부들을 대상으로 하는 어느 강연회의 제목을 보고 순간 고개가 갸웃거려졌다.

자식과 사이좋게 지낸다? 아니 부모와 자식이 그런 관계였던 거야?

의문의 여지없이, 떼려야 뗄 수 없는 관계가 아니고 사이를 좋게 해야 이어지는 관계였던 거야? 나만 착각하고 있었던 건가?

그 문장이 주는 어감이 엄마와 자식, 그 둘의 사이에조차 당연히 간격은 있는 것, 그 사이가 적당히 떨어져 있어야 좋은 관계가 된다는 것을 강변하는 듯해 그런 의문이 들었나 보다.

그러고 보니 하나 있는 자식, 지하철 두 정거장도 안되는 거리에 살고 있는 그와 전화로라도 얘기를 나누어 본 적이 한두 달이 넘은 것 같은데 그런 발상은 무슨 자만의 소치요, 착각인지 모르겠다.
그럼에도, 그 아이와의 관계는 멀다 가깝다 거론조차 할 대상이 아니라고 저 홀로 믿고 싶었던 모양이다.

부모자식 간을 노력하지 않아도 당연히 찰떡인 양 붙어서 관성의 힘으로 굴러가는 불가분의 관계인양 생각했던 내게, 타인과의 관계처럼 신경 써 이끌어가야 하는 서먹·어색한 것으로 설정한 것에 의구심이 들었던 걸까.
아니, 평소에 자식과의 관계를 이모저모 아예 살펴볼 생각조차 해본 적 없이 무개념, 무관심, 무계산으로 살아냈던 것에 대한 자성의 기회가 왔다고 해야 하나.

생각해보면 그렇게 몸과 피를 나눈 부모와 자식이라는 접착 본드가 강력하고 진득하게 작용해 웬만한 천재지변급 사고가 발행하지 않는 양 의문의 여지없이 무조건 잘 굴러가는 찰떡 관계라고 믿고 착각했었나 보다.

그나마 이제야 부모 자식의 관계에 대해 생각이 머문 것은 자식이 결혼하고부터인 것 같다. 하나 있는 자식은 일단 별 집안 행사가 없는 한, 별도의 약속을 하지 않는 한 여간해선 보기 힘든 존재가 돼 버렸다. 전화조차 하지 않는다. 집안 행사나 무슨 일이 있을 때 아주 짤막한 문자가 그 자리를 대신한다. 특별히 대답할 필요 없는 인사성 문자에는 그러려니 반응도 없다. 그렇다고 대놓고 얼굴 붉혀 싸운 적도 없는 데 말이다.

처음에는 "이 녀석 버르장머리가 없네……" 하고 여기다 이제는 그게 굳어져 버려 아무 기대를 걸지도 않은 채 역시 아들은 내 자식이 아니고 '며느리의 남편', '손자의 아비'라는 생각을 나 자신에게 주입시키면서 체념 중이다. "제 처에게 남편 역할이나 제대로 해주면 족한 거지" 하면서 말이다.

그러면서 내 아이는 흰머리와 잔주름이 늘어가는 이 정도 나이의 엄마인 나를 바라보며 어떤 생각을 할까 불현듯 궁금해지곤 한다.

어쩌면 아무 생각조차 들지 않을지 모른다. 내가 그 나이에 내 어머니에 대해 어떤 생각을 했을까 떠올리면 금방 답이 나온다. 타인의 입장을 이해하려면 역시 역지사지가 답이다. 내 나이와 어머니 나이를 역산해 대입해보니 아주 잘 이해가 된다.

나는 그때 지금의 아들처럼 매우 바쁜 직장인이었다. 직업상 세상에서 그럴싸하게 이름난 사람들만을 만나느라 내 주변 가까운 사람들의 모습, 그들의 생각, 감정에는 아무 관심이 없었다. 더더욱 항상 내 옆에 붙박이 돌기둥처럼 듬직하게 변함없이 서 계시는 부모라는 존재에게 시간을 쪼개 신경 쓸 이유가 없었던 것처럼 보인다. 그러고도 무조건 이해받으니 편한 관계라고 안심했다.

추석이나 설날, 그분들의 생신날, 의무방어전을 얼마나 화려하고 비싼 데서 치르는가가 관심사였다. 어쩌다 만난 그분들을 그런 곳에서 만나면 그저 감읍해 무성의한 세월이 그냥 다 용서가 되는지 알았다. 자식은 그 모습을 아주 확실하게 제 머릿속에 각인시켜 놓고 그대로 따라 하는지도 모를 일이다.

또 한편 '내리사랑'의 대상이라는 자식에겐 어떠했던가. 그냥 물질적 공급원만 되면 감지덕지할 줄 알았다. 아이는 밥과 옷, 잠자리만 제공하면 식물이 자라듯 그냥 잎이 나고 꽃이 피고 열매를 맺는 줄 알았다. 할머니와 아줌마가 돌보았던 그 아이의 감정은 내 기분에 따라 요동쳐도 당연한 것으로 안 것 같다.

그 아이가 시퍼렇게 두 눈을 뜨고 어른으로 행세하는 내 행위를 혹 면밀하게 분석하고 평가할 줄 모른다는 생각은 전혀 하지 않았다. 설사 그렇기로 서니, "내가 밥과 옷을 주고 이렇게 번듯한 환경제공자인데 무슨 불만의 토를 달겠어? 그럼 안 되는 거 아냐?" 그 정도의 심사였던 것 같다. '세 살 상처 여든까지 간다'는 그런 생각은 안중에도 없었던 거다.

이제야 자식과의 관계에 대해 신경을 쓰기 시작하는 내게 주변의 소식들은 부모 자식 관계 역시 더 이상 혈연이란 이름으로 자연스레 굴러가는 관계가 아니라고 강변하는 듯하다. 그게 저런 유의 강의가 됐든 지인들의 경험에서 우러나온 푸념으로 전해지든.

내 아들에게 엄마는 과연 어떤 사람일까. 글쎄다. 실제로 물어본들 시원시원 대답해줄 녀석이 아니다. 예사 그 뚱한 표정으로 "뭐, 그냥……" 하고 얼버무릴지도 모른다. 아니면 "엄마, 이제 와서 새삼 무슨……. 그냥 하던 대로 하세요" 할 것 같다.

그 아이가 말하는 '그냥 하던 대로'는 아마도 자기 기분 나면 누구 입장 생각할 거 없이 마구 내뱉고 독단적으로 결정하는 것쯤일까? 녀석이 시니컬하게 내뱉는 말에서 감을 잡아본다.

그러고 보니 내 아이는 지독하게 거쳐 간다는 사춘기 앓이도 내게 보인 적이 별로 없었던 것 같다. 잘 만나기조차 힘든 엄마의 눈에 그게 안 보였던 것 같다. 내 아이라고 예외가 아니었을 텐데……. 새삼 미안함과 죄책감이 고개를 든다.

요즘 인터넷에 자식이 나이별로 엄마를 바라보는 우스개 얘기가 떠돈다. 제법 그럴싸하다. 일반적으로 자식은 4살 때 '엄마는 뭐든지 다 알아' 하는 눈으로 제 어미를 바라보다가 '엄마는 정말 아는 게 많아(8살)', '엄마가 뭐든지 다 아는 게 아냐(12살)', '엄마는 아무것도 몰라(14살)'를 거쳐 사춘기를 지나면서 '엄마가 뭔데(16살)', '엄마는 너무 구닥다리야(18살)'라는 반항심과 적개심을 갖는다는 것이다.

그리고는 슬슬 크고 작은 실패와 좌절을 경험하고 나서는 '엄마 말이 옳을지도 몰라(25살), '결정하기 전에 엄마한테 물어보자(35살)', '엄마라면 어떻게 했을까(45살)'로 생각이 바뀌어 간다는 것이다. 내 아이는 지금 어느 단계의 생각으로 나를 바라보고 있을까.

자식이 나이를 묵직하게 들어가면서 연로한 부모에 대해 느끼는 감정은 요즘 내가 느끼는 것과 거의 맞아떨어지니 세상 사람들의 생활과 생각은 크게 다르지 않은 듯하다.

하나뿐인 아들이 짝을 만나 독립하자 부부만 남은 집 안과 식탁은 늘상 고요가 깃든다. 각자 제 방, 제 책상에 앉아 과거를, 앞날을 생각하는 시간이 길어진 듯하다.

그러면서 우리는 또 누가 먼저 가든 지금 홀로 계신 어머니 모습이 될 것이다.

그러면서 자연스레 이런 생각도 든다. 그 긴 세월, 이 고단한 세상에서 어떻게 식구들을 건사하면서 버텨내셨을까. 굽이굽이 힘든 세월에는 어떤 지혜로 이겨내셨을까.

때때로 실패와 좌절, 고통은 어떻게 표현해내고 삭혔을까 하는 생각에 이른다.

그래서 이렇게 얘기할 수 있을 것 같다.

또 한 살림 마련해 자식을, 오래 병석에 누웠던 부모를 떠나 보내면서 '엄마는 얼마나 힘들었을까(55~65살)', 갖가지 병마에 휘둘리고 늙음

IV. 어머니, 당신은 내 운명

을 실감하면서 '엄마는 얼마나 두렵고 외로웠을까(70살)', 배우자와도 사별하기 시작하고 자식들하고는 별 왕래가 없어지면서 늘 전폭적인 지지에 인생사 지혜를 주셨던 '엄마한테 물어볼 수 있음 얼마나 좋을까(80살)', 부모님 주변의 친구들조차 점차 사라지면서 '죽기 전에 엄마 한번 보고 싶다(85살)', 자신의 죽음을 예감하면서 '엄마, 조만간 만나요(90살)' 수순을 밟을 것 같다.

어버이의 사랑은 맹목적이며 전 인생을 통해 줄기차게 이루어지기에 90 노인도 그 사랑을 잊지 못하는 것이리라. 영원불변의 불가사의 한 그 어떤 것을.

내가 자식에게 바라는 것. "우리 엄마도 모든 사람처럼 여리고 나약한 존재였지만 그래도 씩씩하게 열심히 노력하며 사셨구나", "표현이 부족했지 세상의 모든 엄마처럼 나를 사랑하셨겠구나." 그렇게 여겼으면 좋겠다. "자식이 독립된 개체로 완전히 떨어져 나갈 수 있어야 서로 편한 거지." 스스로 달래면서 말이다.

그리운 이름, 어머니

*사랑할 수 있다는 것은
모든 것을 할 수 있다는 것이다.*

- 안톤 체호프

"83세의 노모는 말기 암으로 시한부 인생을 사는 딸을 살리기 위해 자신을 버리셨습니다. 제가 사는 시골에는 '노인이 오래 살면 한 집안의 젊은 사람이 먼저 간다'는 얘기가 전해져 왔습니다. 그걸 믿은 어머니는 딸을 살리기 위해 곡기를 끊는 등 갖은 고초 끝에 1년 만에 스스로 목숨을 거두셨습니다. 그리고 떠나시면서 딸 몰래 옆집 친구 집에 담가놓은 된장 세 말을 선물로 남겨놓으셨습니다. 잘 익으면 몸에 좋은 된장을 딸에게 꼭 전해달라시면서."

언제던가. 중년의 그녀가 한 방송 프로에 나와 돌아가신 어머니에 대한 그리움을 토로하자 방청객들은 어깨를 들썩였다. 그녀의 어머니를 통해 살신성인의 사랑을 보았기 때문이리라. 그녀는 그런 엄마의 사랑을 헛되게 하지 않기 위해 열심히 병마를 이겨내고 지금은 힘든 사람들을 돌보는 일에 온 마음을 쏟고 있다고 전했다.

어머니에 대한 그리움을 토로하는 그녀의 말에 전율하면서 "사랑은 죽음보다도, 죽음의 공포보다도 강하다. 우리는 오직 사랑에 의해서만 인생을 버텨나가며 전진을 계속하는 것이다"라고 한 어느 작가(이반 투르게네프, 러시아, 자전적 중편소설 『첫사랑』의 저자)의 말이 떠올랐다.

혹자는 '죽음이 무지한 어머니의 잘못된 선택'이라 말할지라도 우리는 그 속에서 감히 저항할 수 없는 사랑이 어떠한 것인지를 절감하게 되는 것이다.

어머니의 존재는 이 세상 살아있는 것들의 잉태자이며 존재의 뿌리, 호흡인 것이다.

우리의 본능과 의식, 무의식 속에는 세상에서 가장 아름다운 것들이 '어머니' 이름 석 자 그리고 '어머니적인 것'으로 이미 지문처럼 각인돼 있다.

딸로 태어난 우리가, 그녀를 몰랐을 때, 그녀가 보이지 않을 때 그녀는 단지 하나의 인간에 불과했다. 그러나 그녀가 위대한 사랑의 다른 이름임을 깨닫기 시작할 때 그녀는 제 모습을 우리에게 보여주기 시작하는 것이다. "이게 하늘이 준 인생의 선물이며 인생의 비밀이다" 하면서.

그래서 우리는 그 단어만 들어도 가슴 뜨거워지는 것이다. 우리는 그 온기를 불러내 어떤 추위에서도 몸을 녹이며 살아낼 수 있는 것이리라. 늘상 그때가 너무 늦게 찾아오는 것이 또한 삶이라는 것을 자각하면서.

그래서 어머니라는 주체는 판단대상이 아닌 것이다. 나로부터 분리된 객체로 이미 객관화해 평가할 경우 합일의 사랑은 불가능해지는 것이다. 사랑하는 대상은 그 눈부심으로 인해 눈이 멀어 마주 볼 수 없는 태양 같은 존재여야 하는 것이다. 그에 대한 도전은 스스로를 파괴하는 자해 행위와 다름 아닌 것이다.

"사랑의 마음 없이는 어떤 본질도 진리도 파악하지 못한다. 사랑만이 모든 것을 포근히 안을 수 있는 힘이 있다. 사랑은 인간 삶의 최후 진리이며 최후의 본질이다."

사랑에 관한 명문장으로 세간에 회자되고 있는 이 말은 여러 종류의 사랑 중 특히 어머니의 사랑에 드리는 헌사라고 나는 믿는다.

아름다운 당신, 어머니

사랑의 첫 번째 의무는
상대방에 귀를 기울이는 것이다.

― 폴틸리히

여기 또 한 어머니의 얘기도 어머니 사랑의 위대함에 고개 숙이게 한다.

어머니와 단둘이 사는 청년이 있었다. 그런데 어느 날 청년은 외출에서 돌아오다가 뜻하지 않게 교통사고를 당하고 말았다. 소식을 듣고 몹시 놀란 어머니가 가슴 졸이며 병원에 달려갔지만, 불행히도 청년은 두 눈을 실명하고 말았다. 멀쩡하던 두 눈을 순식간에 잃어버린 청년은 깊은 절망에 빠져 자신에게 닥친 현실을 받아들이려 하지 않았다.

그는 어느 누구와도 말 한마디 하지 않았고 마음의 문을 철저히 닫은 채 우울하게 지냈다. 곁에서 그 모습을 지켜보는 어머니는 가슴이 아파 견딜 수가 없었다.

그렇게 지내던 어느 날, 청년에게 기쁜 소식이 전해졌다. 익명의 누군가가 한쪽 눈을 기증하겠다는 거였다. 청년은 깊은 절망감에 빠져 있어 그 사실조차 기쁘게 받아들이지 못했다. 결국, 한쪽 눈만이라도 보아야 하지 않겠느냐는 어머니의 간곡한 부탁으로 이식 수술을 마치고 한동안 붕대로 눈을 가리고 있어야 했다.

청년은 자신을 간호하는 어머니에게 앞으로 어떻게 애꾸눈으로 살아가냐며 투정을 부렸지만 어머니는 아들의 말을 묵묵히 듣고만 있었다. 며칠이 지나 드디어 아들은 붕대를 풀게 되었다. 그의 앞에는 한쪽 눈을 가린 어머니가 애틋한 표정으로 아들을 바라보고 있었다.

"얘야, 미안하구나. 두 눈을 다 주고 싶었지만 장님이 된 내 몸뚱이가 네게 짐이 될 것 같아서 차마……" 어머니는 끝내 말을 다 잇지 못했다. 아들의 눈에는 하염없는 눈물이 흘러내렸다.

어느 잡지에 소개된 글이다. 가난하고 열악한 환경에서 자신의 한계를 초월하는 사랑을 보내는 어머니들의 이야기는 전해 듣는 것만으로도 우리에게 강렬한 희망의 메시지, 가슴 뛰는 삶의 행복을 가져다준다.

내가 사는 동네, 서울 여의도에는 한 아파트 입구에서 40년간 하루도 쉬지 않고 과일 노점상을 하는 한 어머니가 계셨다. 80이 가까운 이 할머니는 평일은 물론 일요일도, 영하 20도의 맹추위에도 아랑곳 하지 않고 얇은 비닐 천막에 의지해 아침부터 밤늦게까지 돌부처럼 앉아 과일을 팔았다.

그녀가 갖고 있는 모든 물건은 과일 몇 박스에 불과했고 주민들은 그냥 지나치기 일쑤였다. 할머니는 어느 가장 추운 겨울날, 과일을 팔다 급사했다는 소문을 듣고 주민들은 그제야 그녀를 기리며 마음 아파했다.

또 같은 연배의 또 다른 할머니 역시 버스 정류장 근처에 불붙은 연탄이 담긴 리어카를 가져다 놓고 사시사철 오로지 옥수수 한 가지만 쪄서 판 지 40년이다. 40도에 육박하는 불볕더위에도 작은 파라솔에 의지해 연탄아궁이 곁을 떠나 쉬는 날이 없었다.

그 강인한 인고의 세월에 감탄하는 동네 사람들이 전해 들은 얘기는 그저 "그렇게 해서 자식 모두 키워내 지금 잘살고 있다"는 얘기뿐이다. 결코 자신의 고난이나 희생으로 가족을 먹여 살렸다는 얘기조차 남기고 싶지 않은 어머니들인 것이다.

이분들은 마치 엄마 사랑의 표본을 보여주기 위해 눈이 오나 비가 오나 거기 그렇게 붙박혀 있다는 느낌을 갖게 한다. 여의도 동네 사람들은 그분들의 한결같이 근면하고 꿋꿋한 삶의 자세가 때론 흐트러지고 나약해지는 자신들을 부추기는 데 큰 힘이 된다고 입을 모은다. 뭇사람들을 숙연하게 만드는 그 모습은 비록 초라하지만 성녀처럼 아름답다.

위대한 어머니들이 베푼 사랑의 행렬은 거기서 그치지 않는다. 어머니의 사랑이 생명과 존엄, 희생과 기적의 근간임을 부정할 수 없는 이유다.

위대한 그녀, 어머니

> 진짜 유일한 마술, 유일한 힘, 유일한 구원, 유일한 행복,
> 사람들은 그걸 소위 사랑이라 부른다.
>
> – 헤르만 헤세

흔히들, 유년기 어머니의 사랑은 한 인간의 '자기 사랑'을 가능케 함으로써 어머니의 존재가 사라진 뒤에도 그 사랑을 기억하며 살아갈 수 있게 한다고 한다. 자기를 진심으로 이해하고 사랑하게 되는 사람은 삶의 무게로부터 벗어나 평화롭고 행복하게 살아갈 수 있다는 것이다.

일본의 작가, 이츠키 히로유키는 『삶의 힌트』에서 "자신을 사랑하고 긍정하지 못하는 사람은 타인에게도 그렇게 하지 못한다"며 "자신을 사랑하고 기뻐하는 데 익숙한 것이 힘든 세상을 살아가는 지혜"라고 덧붙였다.

스스로를 사랑하고 사랑받는 자만이 그 사랑을 돌려줄 수 있다는

얘기다. 사랑은 나누어 줄수록 커진다는 얘기는 바로 그런 것이다.

그 사랑의 치유력은 문제를 해결하고 변화를 몰고 온다. 그로 인해 개인이, 가정이, 사회가 변화하는 근간이 어머니의 사랑임을 안다면 "조물주가 자신을 대신해 인류에게 어머니를 보냈다"는 얘기는 더욱 가슴에 다가온다.

하늘이 인류에게 준 복음서라는 성경(고린도전서)을 통해 우리에게 가르쳐준 사랑과 어머니의 사랑은 정확하게 일치하는 것이므로 더욱 그러하다.

"사랑은 오래 참고 온유하며 투기하지 아니하며 사랑은 자랑하지도 교만하지도 아니하며 무례히 행치 아니하고 자신의 이익을 추구하지 아니하며 불의를 기하지 아니하며 진리와 함께 기뻐하고 모든 것을 참으며 모든 것을 믿으며 모든 것을 바라며 모든 것을 견디느니라"라고 한 바로 그 말씀 말이다.

요즘 도처에서 사랑이, 관계가 무너져 내리는 것을 보고 우리는 그 쓰라림을 감내하게 하는 '무조건적인 사랑'을 열망하고 집착한다.
하지만 세상은 항상 아름다운 사랑으로 충만해 있는 것만은 아니다. 우리가 어머니의 사랑을 찬미하고 기대하는 것은 그만큼 더 필요하기 때문이리라. 아무리 강조해도 부족하기 때문이리라.

세상에는 어릴 적 절대자이며 첫사랑의 대상인 어머니의 사랑을 받지 못한 상처로 인한 분노와 열등감, 자기 비애감과 무력감, 타인과의 부조화로 인해 일생을 불행하게 보내는 사람도 적지 않다.

철학자 강신주는 그의 저서 『감정수업』에서 "어린 시절 부모가 칭찬보다는 비난과 험담을 일삼았다면 우리는 성장해서도 습관화된 슬픔에 사로잡히게 되는데 그게 바로 비루함이라는 감정의 실체다. 비루함은 숙명처럼 받아들이는 슬픔, 내면화된 슬픔으로 그만큼 비루함은 벗어던지기 힘든 감정이다. 그렇지만 지속적인 사랑과 칭찬으로 애정과 칭찬으로 치유와 구원이 가능하다"고 보고 있다.

그렇게 되면 누군가 나를 사랑한다는 단순한 사실 하나만으로 금방 자긍심을 회복할 수 있어 한 사람이 완전히 다른 사람으로 거듭날 수 있음을 강조하고 있다.

그런 만큼 우리는 어머니 사랑의 위대함을 아무리 외친들 넘침이 없는 것이다. 그런 사랑의 중요성을 일깨우고 일깨우면서 어머니의 사랑을 절대적인 위치에 놓아야 이 세상에 어머니의 사랑이 더욱 찬연하게 피어날 수 있는 것이므로. 어머니는 최고의 연금술사라는 말도 있지 않은가.

정신분석학자들은 사랑 결핍에 의한 상처는 자신에 대한 믿음이 약해 불운을 딛고 일어서게 하는 역경회복지수(AQ/Adversity Quotient)를 낮게 한다고 주장한다.

늘 불안정하고 우울해 하는 데다 감정 통제가 안 되는 부모 밑에서 그대로 보고 자라 인내심이 약한 게 일반적 현상이라고 진단한다. 또한 항상 타인의 눈치와 기분을 보게 되는데 어릴 적 엄마가 그러했듯이 누군가 자신에게서 떠나갈 것을 두려워하기 때문이라는 것이다.

우리가 우리 안의 상처로 인해 미움을 키우고 사랑을 주는데 또는 사랑을 갚는 데 실패했다면 일생 그런 아픔을 푸념하며 지낼 수는 없다. 어머니가 심어준 부정적인 콤플렉스에서 벗어나 홀로서기를 할 수 있는 때가 왔으므로. 내게 그런 사랑을 줄 수밖에 없었던 어머니의 고단한 삶을 이해할 수 있는 나이가 되었으므로.

이미 지나간 과거의 사실을 없앨 수는 없어도 그 시절의 아픈 기억을 긍정적으로 재해석하는 심기일전의 영민함으로 상처받은 우리 자신에게, 우리들의 아이들에게, 이웃에게 만병통치약인 측은지심의 사랑을 쏟아 부으면 어떨까.

조물주는 우리 인체에 사랑의 묘약 하나만으로도 얼마든지 일어설 수 있는 유전자를 집어넣었다는 것을 굳게 믿는다.
꿉박함이 극에 달해 감성적인 손길이 요구되는 이 시대에 풍요롭고 따뜻한 감성을 전하기 위해 어머니적인 것은 더욱 찬란한 빛을 발할 수 있도록 존경받아야 한다. 그 사랑은 살아있는 모든 것의 존재 이유이기에……．

난 충분히 행복해

우리가 무슨 생각을 하느냐가 어떤 사람이 되는지를 결정한다.

- 오프라 윈프리

어머니 목소리가 어느 날부터인가 별안간 힘이 있고 명랑, 낭랑해졌다. 젊었을 때 그분 특유의 하이톤으로 변해가고 있었다. 그 높은 연세에 홀로 자립하길 원해 또다시 주거용 오피스텔로 탈출해 들어간 독거노인이 된 그분. 때때로 전화를 걸면 늘 병약한 목소리로 응답했던 그분에게 무슨 변화가 일어난 걸까.

"이상하다 별안간 그럴 일이 없는데……." 우리 부부는 그 변화를 신기해했다. 그리곤 느닷없는 제안을 하셨다. "내 꼬부라진 허리 좀 펼 수 없을까?" 하면서 정형외과에 가서 새삼 알아보자는 것이었다.

"이 나이에 무슨……. 여태까지 견뎌왔는데 괜찮아. 내 어머니도 돌아가시기 전 그러셨으니 이건 유전임에 틀림없어."

얼마 전까지만 해도 이렇게 말씀하셨었다. 척추후만증으로 지난 몇 년 사이 어느샌가 꼬부랑 할머니가 된 그분께 수술을 권유했던 자식들에게.

과연 저 큰 수술을 저 연세에 견뎌낼까? 의문이 들었지만 고생 좀 하시고 천만 원의 수술비를 들여 그분이 바로 설 수 있다면……. 그래서 여생을 자신감 있게 마감할 수 있다면 하는 욕심에 말씀을 받들기로 했다.

요즘 아주 성업 중인 허리 전문병원을 거쳐 큰 대학병원 두 군데를 들러 최신 장비를 이용한 전신사진을 찍었다. 그 결과에 대해 양쪽 의사의 의견은 달랐다.

요즘 의술로 척추후만을 바르게 펴는 것은 가능하다는 데는 양쪽 다 동의했다. 그러나 처음 들린 1차 병원은, 88세 연세에 수술은 안 하는 게 좋다고 했다.

3차 진료 전문병원 척추센터 담당의는 "4시간의 전신마취 수술 후 이틀이면 화장실을 갈 수 있다. 그리고 한 달 후면 집 안이나 동네를 똑바로 서서 걸어 다닐 수 있다"며 수술을 권했다. 손꼽히는 그 대형 병원의 젊은 의사는 자신감이 넘쳤다.

그가 제시한 타인의 수술 후 사진을 보니 기존의 구부러진 뼈를 절개한 후 나사못을 이용해 플라스틱류의 척추 골조를 등에 삽입하는 그런 것이었다.

부서질 듯 쇠약하기 그지없는 노인이 전신마취와 긴 시간의 수술 후 과연 부작용 없이 건강을 회복해 남은 세월, 허리를 꼿꼿이 펴고 살아낼 수 있을까 의구심이 들었다.

자칫 고생은 고생대로 잔뜩 하고 수술 후유증으로 혹시나 죽음을 앞당길지도 모른다는 두려움에 식구들의 격론이 벌어졌다.

결국 어머니께 선택을 맡겼다. 어머니의 대답은 의외였다.
"수술은 안 할 거야. 하지만 난 지금 아주 기분이 좋아. 그 병원에 가보고 나처럼 고생하는 할머니들이 많다는 것, 내가 언제든지 원하면 수술을 해 볼 수 있다는 이 소리만 들어도 힘이 나네. 그것만으로도 충분해. 힘이 생겨……. 수술은 안 할거지만……."

수술의 아픔과 후유증이 두려우신 걸까? 아님 절약이 몸에 밴 어머니께는 꽤 많아 보이는 수술 비용이 아까워서일까? 살아갈 나날을 스스로 짧게 잡고 계신 건가? 여러 생각이 들었다. 결국 우리는 수술 당사자인 그분의 의견을 따르기로 했다. 회복에 자신이 없어서였다.

그리고 우리는 알았다. 어머니의 목소리가 왜 하이톤으로 변했는가를……. 그건 소망 때문이었다. 죽음이 가까운 노인에게도 소망이라는 것이 얼마나 중요한 것이라는 것을 발견했다.

우리는 그때 어머니와의 마지막 여행 계획을 짜고 있었다.
미국에 오래전 이민 가 지금은 LA 근교의 요양시설에 입소해 홀로 투병 중인 어머니의 가장 절친한 친구, 귀가 어두워 통화조차 제대로 하지 못하는 그 친구를 만나보는 계획이었다.
"미국에서 몇 년간 살았던 내가 휠체어와 보행기를 이용해 그것도 못하랴" 하는 내 자신감이 말리는 어머니를 안심시켰다. 전화를 두고 어머니가 일방적으로 '부디 아프지 말라'며 친구에게 애원하는 모습이 무지 슬퍼 보여서였다. 어머니를 모시고 가서 어느 날 짠하고 나타나리라. 이제나저제나 사경을 헤매고 있는 엄마 친구분에게 그렇게 멋진 기회를 마지막으로 선사하리라 하면서.

그 계획은 어머니가 죽기 전에 하고 싶은 일, 소위 버킷리스트 중 맨 위에 자리하고 있다.
그걸 알고 있는 딸자식이 시도한 여행 제안이 어머니를 그리 만든 것이었다. 그래서 어머니는 두 달 후에 있을 여행을 앞두고 혹시나 무슨 방도가 있을까 병원을 가보자는 것이었다.
희망이 생기면서 나머지 생애를 더 오래 허리 펴고 살고 싶다는 바람이 강하게 꿈틀꿈틀 살아난 것이었다. 하지만 복잡하고 긴 수술의 두려움, 전신마취 후 자칫 식구들과 인사도 없이 헤어질지도 모른다는 불안감이 어머니 소망을 스스로 눌러 앉혔던 것이다.

결국 두달 후 나는 어머니와의 미국행도 포기하고 말았다. 어머니의 미국 비자 발급, 새 휠체어 구입 등 여행에 필요한 여러 준비를 끝냈지만 조금 피곤해지면 어지럼증을 호소하는 어머니의 건강이 두려웠기 때문이다. 효도랍시고 한 시도가 여린 생명의 불꽃을 꺼뜨릴 수 있다는 불안감에.

시차가 바뀌는 장시간 비행과 자동차 여행을 과연 견뎌낼 수 있을까 염려해서다.
무리한 제안으로 들떠 있던 어머니를 실망시키고 희망을 날려 버려 마음 아팠지만 그게 진정 어머니의 건강을 위하는 길이기에. 그리곤 반성했다.
헛된 희망을 드리기 전에 꼼꼼하게 따져보지도 않고 무조건 발설한 경솔함을.

어머니의 목소리에서 하이톤의 기운이 서서히 빠져가고 있음이 느껴진다.
어머니가 앞으로의 나날들을 기대하고 살아갈 또 다른 희망은 무엇일까?

"아냐, 친구 만나는 상상만으로도 난 충분히 행복했어. 내 딸은 정말 효녀야."
풀 죽은 내 어깨를 감싸며 어머니가 눈물 글썽이며 말씀하셨다.

당신은 내 운명

운명에는 우연이란 없다. 인간은 어떤 운명을 만나기 전에 벌써 제 스스로 그것을 만들고 있는 것이다.

- T. W. 윌슨

"당신에게서 당신 엄마의 모습이 보여 놀랄 때가 있어……." 도통 남의 말을 하지 않는 남편이 내게 신기한 듯, 감탄조로 말할 때가 가끔 있다. 보다 젊은 아내의 얼굴과 태도에서 80 노인의 사고와 모습이 보인다니 그게 어디 기쁘고 즐겁다는 반응일까 해서 움칠해진다.

게다가 얼굴이 보이지 않은 상태에서 나와 엄마가 거실에서 주고받는 얘기를 어쩌다 들으면 누가 엄마이고 자기 아내인지 구별이 안 간다는 것이다. 말투도, 어떤 사안을 놓고 반응하는 내용과 태도도 그렇다는 것이다. 한마디로 '피는 못 속인다'는 말을 하고 싶은 것이다.

적어도 내가 엄마와 다른 세대를 사는 사람이니 내게 바라는 남편의 기대도 다를 텐데 말이다.

그래, 닮았다. 부정하지 않는다. 어머니의 미모도, 풍성한 머리숱도 닮았으면 좋은데 그건 아니다. 끈기와 인내심 역시 그렇다. 그러니 내게 부족한 좋은 점은 어머니가 월등하게 많이 갖고 계시다.

우선 대표적으로 유사한 점이 외강내유형이란 거다. 외유내강형이면 더 좋으랴마는 뜻대로 안 된다. 쉽게 말해 겉으로는 강한 듯 보이나 속은 누구보다 여리다는 점이다. 겉부터 부드러우면 점수를 따고 들어갈 텐데 아쉽다. 그 사정을 누가 알아줄까마는 함께 살아온 옆 사람이나 가까운 친구 등은 나의 '착한 속내'를 잘 알아 가끔 놀리듯 말해준다.

"그래, 사실은 너 참 착한 사람이지" 하고. 그래서 강한 인상과 태도로 손해 보는 게 많다.

또 직설화법의 주인공이다. 무엇이든 보고 에둘러 말할 줄 모른다. 예스, 노가 분명하다. 생각나는 것을 그대로 여과 없이 내뱉는다. 나중 가까워지면 예전에 상처받았다고 하는 사람들이 가끔 나타난다. '과도한 칭찬' 등 외교적 언사에 약한 건 살아가는 데 치명적이다. 관계가 깊어져야 상대가 내 본의를 이해해주니 어느 세월에 가능한가. 내 식구들은 그게 직업병에서 온 거라고 하지만 직업인 이전에도 그랬었던 걸 부정할 수가 없다. 어머니보다 내가 더하다.

'난 솔직 담백한 사람이야' 하면서 뒤끝과 거침이 없이 화끈한 사람이라고까지 믿었던 것이다.

또 다른 하나. 일단 상대가 보살펴야 하는 대상이면, 즉 '사정권' 안에 들어오는 사람에 대해서는 배려가 지나쳐 상대를 피곤하게 할 수도 있다는 점이다. 일거수일투족에 대해 지나친 배려를 한다. 스스로 좀 그러지 않았음 하지만 '물려받은 천성'인지라 뜻대로 안 된다. 스스로 안 그러려고 숙제하듯 애를 쓰고 있는 중이다. 수십 년을 함께 살아온 내 옆 사람부터 "선선하게, 자유롭게 내버려두자"는 게 목표다.

또 있다. 타인에게 신세 지고는 못 산다. 작은 것 하나라도 받으면 되돌려줘야 직성이 풀린다.

상대가 내게 무엇인가 베풀었을 때 정도 이상으로 미안해하며 불편해하는 점도 있다. 그래서 나오는 행동이 얼른 그 미안함을 상쇄하기 위해 그 고마움을 금방 갚아버리려 노력하고 실행에 옮기는 것이다.

받는 즉시 "받았으니 되돌려줘야지……" 하면서 선물 주고받기를 풀어야 할 숙제로 여기니 딱한 노릇이다. 선물을 준 상대가 주는 기쁨을 누릴 수 있도록 한참 후 다른 계기로 보답한다면 상대도 기쁘고 서로의 관계가 부드럽고 친숙해질 텐데 말이다.

예전에는 이 또한 '나 좋은 대로' 해석했다. 남에게 신세 지지 않으려는 예의 바르고 깔끔한 성격의 사람이라는 자부심과 함께.

"내가 편한 게 좋다. 신세 지는 건 불편해" 하면서 어머니는 일정액의 '하숙비'를 딸에게조차 매달 건네신다. 그러면서도 딸인 내가 밥상을 차릴 때마다 불안해하며 불편한 몸으로 주방을 여러 차례 기웃거리신다. 병치레 후 딸네서 기거하다 집을 나가 여러 번 홀로 사신 것도 딸에게 미안함을 견디다 못해서이다.

온 일가친척이 모여 외식을 하는 날에는 제일 어른인 당신이 밥값을 지불해야 직성이 풀린다.

엄마의 이런 모습은 "내가 왜 너희들에게 신세를 지랴? 내 돈이 있는데"라는 선언으로 보여 딸인 내게 섭섭함과 불편함을 안겨주곤 한다.

속으로 "내가 그렇게 엄마에게 계산적으로 보였나?" 자신을 돌아볼 때가 있다.

이런 행태를 놓고 많은 심리학자들은 상대의 배려나 호의가 어려서부터 몸에 익숙하지 않아 이에 대응하는 방법이 매우 서툴기 때문이라고 분석한다.

유년기에, 가까운 가족 특히 오랜 시간 함께하는 어머니로부터 사랑을 듬뿍 받고 많은 칭찬을 받은 사람들은 정을 나누고 그 정에 기쁨과 감사를 표현하는 일이 물 흐르듯 자연스럽다는 것이다. "나는 사랑과 배려, 선물을 받을 자격이 충분히 있다"는 자애, 자존감의 발로라고 해석한다. 갑부집 막내 외동딸인 우리 어머니, 원 없이 사랑을 받았다고 하니 심리학자들의 얘기가 맞는 건지 모르겠다.

또 무엇보다 좀 바꾸고 싶은 나의 성향은 부정적인 것의 확대 해석,

좋지 않은 일을 필요 이상으로 확대해석해 자꾸 조바심치며 큰일이 난 듯 초조 불안해하는 것이다. 이건 삶에 심각한 장애물이다. 행복한 삶을 영위하는 데 거의 치명적이다.

이미 벌어진 일, 돌이킬 수 없는데도 초조와 불안감으로 상태를 역전이나 호전시킬 수 있는 듯 불안감을 증폭시키는 행위 말이다.

같은 사안에 대한 반응이 사람에 따라 아주 다를 수 있음을 내가 안 것은 결혼을 해 다른 환경에서 자란 남편을 만나 쭈욱 지켜보면서부터다.

집안에 좋지 않은 큰일이 발생할 경우 시댁 사람들은 누가 원인유발자고 무엇이 잘못됐는지 복기하거나 추궁, 비난하지 않는다. 약속이나 한 듯 별일이 아니라는 듯 입을 다물고 사태를 작은 일로 만들어 평화가 깨지는 것을 막으려 한다. 좀 시간이 지나면 "이미 일어난 일, 그만하길 다행이다."며 감사한 마음마저 생기는 기류가 솔솔 형성되는 감을 느끼게 됐다.

마치 "이미 터진 사고로 계속해 불행하고 싶은가? 아님 그럼에도 행복할래? 선택해봐"의 답을 고르는 것처럼 명백하고 쉬운 일임을 나중에야 깨닫게 됐다. 적어도 입 다물고 가만있으면 며칠 지나 문제의 심각성이 약화돼 아무것도 아닌 일이 되는 경우를 무수히 겪었다.

한성희 한국정신분석학회장은 "불안은 회피해야만 하는 독소가 아니라 우리에게 다가올 위험을 미리 알려줘 준비시키는 기능으로 우리 생존에 필수불가결한 장치"라고 전제한다.

"인간의 욕망이란 삶에 동기를 부여하는 힘이며 욕망이 없다면 불안도 없을 것"이란 시각을 갖고 있다. 오스트리아의 정신분석가 오토 랑크는 "엄마의 자궁을 떠나 이 세상에 홀로 떨어져 나오는 자체가 이미 태아에게 근원적 불안을 유발하는 외상(Trauma)"이라며 불안의 지나친 확대해석을 경계했다. 이런 시각과 분석들을 믿으며 위안을 받고 싶은 심정이다.

『불안한 엄마, 무관심한 아빠』라는 책의 저자, 오은영 소아청소년 전문의는 "아이들은 자신의 존재나 가치에 대해 존중받지 못할 때, 부모의 양육방식이 서툴거나 거칠 경우 불안감을 느낀다. 지나치게 과민반응하거나 당황해하는 것도 아이에게 불안을 전이시키는 일"이라며 불안을 과민하게 느끼는 성향이 부모의 양육방식에서 왔다고 주장한다.

보육자인 어머니가 내 성장기에 혹 있었던 불안한 상황들에 대해 어떤 자세를 취하면서 나를 대했는지 더듬어보게 된다. 어려서의 그런 상황을 기억할 리 만무하지만. 그리고 기억의 대상은 오랜 시간에 걸쳐 형성된 것이 아니라 단지 순간적인 것의 투영일 뿐이라는 주장을 믿고 있지만 말이다.

어머니와 내가 닮은 점은 더 있다. 잠시도 시간을 헛되이 보내지 않으려 노력하는 점, 분수에 넘치는 소비와 허례에는 관심이 없다는 점, 부지런하다는 점 등은 오늘의 나를 설정하는데 결정적인 역할을 했을 것으로 믿는다.

『한 여자』라는 책을 통해 어머니와 딸의 관계를 고찰한 프랑스의 여류 작가 아니 에르노는 "여자가 된 지금의 나와 아이였던 과거의 나를 이어줬던 것은 바로 어머니, 그녀의 말, 그녀의 손, 그녀의 몸짓, 그녀만의 웃는 방식, 걷는 방식이다"라며 어머니의 일거수일투족이 딸의 행동에 미치는 영향을 조명하고 있다.

"아이들은 태어나 엄마의 생김새를 구별하기도 전에 엄마의 목소리·손길 등에 의해 어떤 메시지를 전달받는데 이 메시지가 우리 자신의 행위를 결정하게 되는 무의식의 토대가 된다"고 미국의 심리학자 로라 퓨어스타인은 말한다.

그는 『왜 나는 엄마처럼 살아갈까』라는 제목의 저서에서 "태내에서 어머니와 한몸으로 연결된 아기의 자아상은 어머니의 자아상을 중심으로 형성되는데 특히 딸은 여자라는 공통분모 때문에 연대감이 더욱 깊어지고 그 영향력도 더욱 크다"고 주장한다.

이처럼 딸과 엄마는 싫든 좋든 서로를 거울처럼 비춰 볼 수 있는 관계라는 것이다.

특히 자신의 못마땅한 점이 서로에게 그대로 재현되는 걸 보니 딸과 엄마는 자주 충돌할 수밖에 없다는 것. 그래서 화가 나고 속상하기도 하고 때론 그런 숙명으로 둘이 엮여있는 것이 측은하고 슬프게 다가온다. 그 슬픔이 때론 미움으로 표출돼 상대에 마구 상처를 주는 언행을 서슴지 않는다는 것이다. 마치 자신에게 상처를 주듯이, 별 죄책감 없이.

하나뿐인 나의 아이는 부디 불량품인 제 어미를 닮지 않기를 바란다. 나는 과연 인생의 순간순간, 얼마나 내 어머니와 다른 선택을 했고 앞으로 그 선택이 내 자손에게 어떻게 귀결돼 나타날지 궁금하다. 나를 포함한 많은 여성들이 그토록 엄마를 닮지 않겠다고 몸부림치며 멀리 도망치려 애써도 결국 다시 돌아와 그 앞에 서 있는 자신을 발견한다는 것을 알기 때문이다. 엄마의 자화상처럼 닮아있는 자신을. 그리고 그 지독한 대물림을.

이제 내가 할 일은 깨닫는 일이다. 사람은 근본적으로 그 사람에게 선택의 별 여지없이 일방적으로 주어진 환경의 산물이며 내 어머니도 예외가 아니고 나 또한 예외가 아님을. 그리고 측은지심으로 나와 엄마의 인연을 경외하며 사랑하는 일이다. 그래서 보다 나은 내일을 함께 맞는 일이다.

즐거운 우리 집 - 어머니, 우리 여기서 끝내요

> 사랑이란 자기희생이다.
> 이것은 우연에 의존하지 않는 유일한 행복이다.
> — 톨스토이

드디어 찾았다. 이만하면 '안성맞춤'이라는 생각이 든다.

아주 오랜 노력과 시도 끝에 어머니와 나, 두 사람 공히 삶의 말년을 정리할 집을 정했다.

평범하지만 여러 가지를 고려한 그 집에서 삶의 종착역에 다다른 노모와 20여 년의 간격을 두고 꾸준히 뒤쫓고 있는 이 딸이 말년을 보낼 그 집 말이다.

그리 오랫동안 찾았던 집이라니 나를 아는 혹자들은 궁금증이 크리라. 다른 물건에 대해서는 무심, 엉성한데 집에 대해서만은 그중 까다로운 내 취향 때문에 말이다. 모든 물건을 구입할 때, 대충 수수하면서 가격이 적당한 그야말로 가성비가 좋은 것을 고르는 평소 선택의 기준과는 많이 다르니까.

혹 눈 높은 남들이 보기에는 그저 평범하고 가성비가 좋은 집일 뿐이지만 이번 선택에는 나의 까다로움과 어머니의 소망이 대부분 충족돼 "바로 이거야!"라는 소리가 절로 나온다.

식구들이 하루 세 번 이상은 필히 밥과 정을 나누는 식탁 그리고 내가 오랜 시간을 보내는 책상에 앉아있을 때 필히 창밖으로 나무나 숲이 보여야 한다는 것이 나의 일관된 고집이다.

창밖으로 시선을 던지면 바람에 살랑이고 햇볕에 반짝이는 푸른 나뭇잎을 감상할 수 있도록 숲을 마주한 집, 아침에 일어나자마자 현관 밖으로 뛰어나가 이슬 머금은 새싹과 풀꽃이 반기는 한 뙈기 마당이 있는 곳, 생명의 경이로움에 감탄사를 연발하며 식탁에 올릴 푸성귀를 한 줌씩 수확할 수 있는 작은 텃밭이 있는 곳을 나는 일생 동안 탐해왔다. 그 찬란하고 소중한 기쁨 없이 무슨 재미로 이 삭막한 세상을 살아내랴.

그런 고집에 눈이 어두워 북한산 중턱 평창동에 분수에 안 맞는 넓은 단독주택을 덜컥 구입하거나 서울 외곽에 전원주택을 마련하는 등 갖가지 시행착오 끝에 찾아낸 거주지이다.

오랜 노력과 시간, 실패 경험이 바탕이 된 새집은 거동이 불편한 노모의 편리함과 집에 대해서는 좀 까다로운 딸자식의 취향과 경제적 여건 등을 두루 만족시키는 곳이다. 비록 근처 전원주택을 여러 차례

물색하다 포기하고 선택한 아파트지만.

그 집, 그 아파트는 지역적으로는 편리한 도시의 장점을 그대로 갖고 있으면서 외곽지대의 단점은 단점대로 커버한 집이라고 해야 옳다. 신분당선을 타면 판교에서 두 정거장 거리, 동천역에서 비교적 가까우면서도 창밖으로는 광교산의 숲과 나무, 그 위로 무심하게 노니는 하늘의 뭉게구름을 식탁과 책상에 앉아 볼 수 있는 곳이다.

9월 초 입주한 그 아파트는 어머니가 보행기에 의지해 현관문을 나서면 곧바로 경로당으로 직행할 수 있는 곳이기도 하다. 게다가 어린이집과 놀이터가 붙어있어 어린이들의 재롱과 젊은 엄마들의 낭랑한 웃음소리도 접할 수 있도록 설계된 곳이다. 노인들은 바로 옆 단지 안 텃밭에서 상추, 고추도 심고 채취하면서 자연의 경이로움 또한 만끽할 수 있게 배려한 곳이니 더 무얼 바라랴.

조만간 두 번에 걸쳐 3천 세대가 입주하는 새 아파트인 만큼 이제 막 문을 연 경로당에서 입주 노인들이 먼저 온 누군가의 텃세에 시달릴 필요도 없으리라. 늘그막에 새 친구를 얻어 동병상련의 정을 나눌 수도 있는 곳이니 어머니를 위해서는 더욱 좋다.

어머니는 노인들의 경로당에도 텃세를 부리고 따돌림의 상처를 주는 심술쟁이 할머니가 있기 마련이라는 것을 이미 몇 해 전 경험을 통해 알고 계셨다. 그러니 누구에게나 평등한 기회가 주어지는 새 장소가 더욱 마음에 든다.

"얘야, 이제 나 신경 쓰지 말고 자유롭게 외출하렴. 여러 노인들과 지내면서 놀이터에 나가 앉아 꼬마들의 재롱도 볼 수 있으니 더 바랄 게 없네." 어머니는 오랜만에 '독거노인'의 걱정이 풀린 듯 환한 미소를 지으셨다.

유료 실버타운이나 오피스텔 거주, 노인 데이케어센터나 노인복지회관 등을 찾아 여기저기 이사 다니시면서 전전긍긍해야 했던 어머니에게 새로운 주거지에 대한 기대감이 솟고 있음을 보았다.

함께 늙어가는 이 딸도 자주 드나들면서 최연소 회원으로서의 역할과 의무를 열심히 해내리라. 그래서 인생 말년 보내기 연습도 미리 해두고 누군가의 텃세에 어느 노인도 상처받지 않게 보초도 서리라.

거기다 장점은 더 있다.

아파트 단지 좌우 초입에 성당과 교회가 나란히 있어 어머니를 성당에 모셔놓고 우리 부부는 교회에서 예배를 본 후 편하게 일요일 외식을 함께 즐길 수 있게 됐다. 이런 기막힌 배려는 우연이 아니란 생각이 든다. 마치 하늘이 우리 가족을 배려했다는 은혜로움마저 느끼게 한다.

게다가 노인들에 필수인 큰 대학병원이 지근 거리에 있고 지하철도 멀지 않으니 금상첨화다. 단독주택과는 달리 아파트는 나중 노후를 위한 자금 회수도 용이할 것이다. 집값이 널뛰더라도 그런대로 집값을 유지해주는 곳이니 안심이 된다. 또 언제든 뒷산에 올라 가벼운 산행을 즐길 수 있고 슈퍼나 음식점 등 편의 시설들이 고루 포진해있으니 오랜 뜸을 들여 이뤄 낸 나의 결정에 박수를 보내고 있다.

내 나머지 인생 5년쯤은 어머니를 위해 오롯이 바쳐도 좋으리라.
내게 주어진 모든 세월이 다 어머니가 만들어 준 것인데 그 정도의 시간이 아까우랴.

어머니와의 동거는 실로 몇 년 만이다. 유난히 독립적이고 깔끔한 성품의 어머니가 딸의 자유를 위해 '독거노인'이 되기를 여러 번 시도했기 때문이다.
체력이 받쳐주고 경제력이 돼서 어머니와 함께한 말년에 그분이 "세상 소풍 참 즐거웠다", "역시 세상은 아름다워. 나는 참 운이 좋았던 사람이야", "내 딸, 네가 있어 고맙고 참 좋았어" 하는 기분으로 삶을 마감하셨으면 좋겠다.

그래서 어머니와 헤어지고 나서도 늘 그리움과 감사의 대상으로 그분을 떠올리며 눈물도 웃음도 지을 수 있으면 좋겠다. 우리가 한 생을 살면서 그럴 수 있는 대상이 과연 몇이나 되랴.
아니, 내 어머니 외에 누가 또 있으랴.
그분이 백 수를 누리고 가신들, 영원히 되돌릴 수 없는 이별, 다시는 만날 수 없는 그 이별이 어찌 '호상'일 수 있겠는가. 생각만 해보는 이별에도 가슴이 저려 오는 그 대상이 아직 우리 집, 내 곁에 계시니 감사할 뿐이다. 시간이 많이 남지 않았다는 듯 부쩍 쇠잔해지신 어머니는 새집에서 딸과 다시 함께하게 된 소감으로 "난 더 많이 행복해졌어"라는 표현을 하셨다. 어머니가 행복하다고 늘 주문을 걸고 있다는 생각이 들어 코끝이 찡해져 왔다.

어머니, 그 존재는 사랑의 다른 이름, 이음동의어이다. 모성은 '모든 사랑들의 어머니격'이라는 말을 그 어느 누가 부정할 수 있으랴.

어머니, 그 불가침 영역

> 더 많이 사랑하는 것 외에
> 다른 사랑의 치료 약은 없다.
> - 헨리 데이빗 소로우

세상에 완벽함은 없다. 완벽함은 신의 영역이다. 그러나 완벽에 가까운, 완벽으로 가기 위해 늘상 마음 졸이며 노력하며 끝없이 헌신을 시도하는 어머니의 사랑은 신이 인간에게 유일하게 허용한 완벽에 근접해가는 과정이리라.

어머니는 판단 대상이 아니다. 어머니는 그 이름 자체로 온전한 것이다. 굳이 말하자면 논쟁과 도전을 거부하는 불가침 영역이다. 그리움과 영원불변, 아름다움과 헌신의 상징 기호이며 그것에 다가가는 비밀 열쇠다.

우리가 모든 것을 잃었을 때, 아픔이 온몸을 짓이길 때, 격렬한 기뿜에 환호할 때 우리의 격정을 고스란히 쏟아놓고 함께 부둥켜안고 울어버릴 수 있는 또 다른 자아요 분신인 것이다. 피 흘리는 상처를 안고 기댈 수 있는 마지막 보루며 영원한 안식처인 것이다.

설사 너와 나의 현실적인 어머니가 진정으로 그렇지 않다 해도 그건 모성의 아름다움과 기적, 그것과는 별도로 얘기되어야 한다.
그리고 더 열심히 정성스레 면밀히 들여다보아야 한다. 우리가 과연 그 소중한 우리의 어머니, 그 존재를 이해하기 위해 얼마나 노력했고 알고 있는가 생각하면 인간이 얼마나 허술하고 형편없는 존재인가를 느끼게 된다. 오로지 아는 만큼 느끼고 볼 수 있는 거다.

그러므로 '어머니적인 것의 절대가치'에 판단을 유보하고 무조건 신성시 하라고 주문하고 싶다. 우리는 현실의 내 어머니가 어떻든 그를 떠나서는 살아남을 수 없으므로 '판단 예외' 영역으로 남겨두어야 하는 것이다.

모성은 무조건적으로 찬양받아야 한다. 아니 그녀를 위해 찬양하기 보다는 우리, 그녀를 통해 세상에 던져진 우리 인간, 온갖 생명체 유지를 위해 그래야 하는 것이리라.

우리가 살면서 만났던 가장 숭고하고 희생적인 것 그래서 가장 영롱하고 찬연하게 빛났던 것, 가장 지고지순한 것들에 대한 기억이 용해되는 화학 작용을 거쳐 '어머니'라는 이름으로 우리의 뇌리에 각인된 것이다.

달리 그 단어, 그 느낌에 필적할만한 다른 대안이 없는 것이다. 인간이라는 미약한 존재를 수백 만년 살아남게 한 집념의 유전자, 그래서 그 이름 석 자 듣기만 해도, 당장 죽어도 좋을 가장 격정적인 환희의 순간에, 또는 세상과 하직하는 통렬한 순간에 가장 사무치는 그리움으로 다가와 눈물로 쏟아져 내리는 것이다.

가난하고 열악한 환경에서 자신의 한계를 초월하는 사랑을 보내는 어머니들의 이야기는 전해 듣는 것만으로도 우리에게 강렬한 희망의 메시지, 가슴 뛰는 삶의 행복을 가져다준다.

직업상 많은 사람을 만나야 하는 나는 자신을 낳아 준 어머니와 애증의 관계를 유지하면서 괴로워하는 딸들이 의외로 많다는 것을 알게 됐다.

수많은 사람들이 시시각각으로 보여준 감정 표출과 행동, 그리고 인간관계 등을 보면서 내가 나름대로 그들의 행위를 이해하기 위해 적용한 잣대가 있다. 그건 어머니 사랑이다. 그가 받은 사랑과 순간순간 자신도 모르게 그들이 보여준 행동의 함수관계.

한없이 나약한 새 생명으로 태어난 그들에게 생명의 빛인 사랑을 처음 건네준 사람들, 또는 부서질 듯 연약한 그들에게 그 첫사랑을 상실하게 해 깊은 상처를 안겨 준 사람들, 그 절체절명의 이름은 '어머니'이다. 그 어머니의 사랑 여부가 이 함수관계를 푸는 열쇠였던 것이다.

금지와 억압으로 상처받은 이 땅의 많은 딸들, 그래서 자신의 전 인생이 비애감에 물들게 됐다고 한탄하는 이들에게 그 억압이 사실은 염려와 배려, 사랑에 뿌리를 둔 '유년기 내 젊은 보호자', '초보 엄마'의 어설프고 무지한 애정 표현이었음을 깨닫기 바란다.

이 세상에 모성은 더욱 찬양되고 위대해져야 한다. 조건 없이 사랑하는 어머니적인 사랑만이 이 세상을 구원하는 유일무이한 희망이기에.

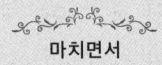
마치면서

몇 년 전 어느 출판사로부터 어머니 관련 집필 제안을 받고 계약까지 하고는 끙끙대다 한참 후 계약금을 자진 반납했다. 대단히 미안했다. 신생 출판사를 돕지는 못할망정 그 앞길에 재를 뿌린 것 같아 미안했던 거다.

그러면서 고민했다.

이 나이 들어서도 어머니에 대해 책 한 권을 쓸 수 없다면 헛살아 온 것이라는 자괴감이 들었다. 일생 펜대를 굴려 그런대로 밥을 벌어온 자가, 사랑의 위대함을 깨달은 나이가 된 지금 '모든 사랑의 어머니'격인 어머니 사랑에 대해 쓸 수 없다면 그 인생은 실패한 거라고.

그래서 스스로 너무 부족하고 생각이 미천해 감히 어머니에 대한 사랑을 제대로 쓸 자신이 없으면 이 기회에 반성이나 해보자고, 이 기회에 그 사랑의 깊이에 대해 공부나 좀 해보자고 마음먹었다.

그것도 친정어머니는 물론 시어머니까지 생존해 계시는데 그리고 나 자신도 두 분이 가시는 같은 길을 꾸준히 따라가고 있는 여성의 한 사람으로서도 말이다.

한 꼭지 한 꼭지씩 원고를 쓰고 모아가면서 어머니에 대한 죄책감을 덜기 위해 그래도 모멸 찬 말대꾸도 덜하고 딸 눈치 보느라 엄마가 숨긴 심정을 이해하려 노력했으니 이거라도 위안을 삼아야겠다.

제 어머니가 베푼 희생과 노고도 사랑으로 갚지 못하는 자는 결국 신뢰할만한 인간이 되지 못한다고 나름의 생각을 정리하면서.

가끔 오전에 병원에 모시고 갔다가 노인 데이케어센터에 직접 어머니를 모시고 가는 적이 있다.

"역시 딸이 최고네요." "그럼요, 딸이 없으면 어떻게 할 뻔했나 모르겠어요."
뇌졸중 후유증으로 거동이 불편한 어머니가 데이케어센터 등교하자 치매를 앓고 있는 짝꿍 할머니가 우리 어머니에게 말을 거신다.
아들밖에 없는 그 할머니, 딸과 나타난 내 어머니가 부러우신 모양이다.

내가 지켜보는데 계속 박수를 쳐대며 "딸이 좋아요"를 수십 번 반복하는 걸 보며 그냥 웃어넘겼지만 내 얼굴이 벌게졌다. 딸도 딸 나름인 걸 모르시는 모양이다.

내게 일말의 양심이 있는 건가.

그 할머님의 말씀과 박수가 "얘야, 어머니 살아생전에 잘하렴. 나중에 땅을 치며 후회하지 말고"라는 소리로 들려 가슴 한편이 찌르르해지는 걸 보니……

이 땅, 모든 어머니들의 건강과 평안을 진심으로, 가슴 가득 기원한다.

어머니, 당신은 내 운명

초판 1쇄 인쇄 2018년 10월 25일
초판 1쇄 발행 2018년 10월 30일

지은이 고혜련

편집 김태경 | 디자인 변예슬 | 마케팅 유인철

펴낸곳 (주)제이커뮤니케이션
주소 서울시 영등포구 여의나루로 121, 1-708
등록 2012년 03월 22일 제2017-000005호
전화 070-4111-0045 | 팩스 070-4111-0095
이메일 jcommunication@naver.com

ISBN 979-11-956910-8-1 03810

이 책은 저작권법에 따라 보호를 받는 저작물이므로 무단전재 및 복제를 금지하며, 이 책 내용의 전부 및 일부를 이용하려면 반드시 저작권자와 (주)제이커뮤니케이션의 서면동의를 받아야 합니다.
이 도서의 국립중앙도서관 출판예정도서목록(CIP)은 서지정보유통지원시스템 홈페이지(http://seoji.nl.go.kr)와 국가자료공동목록시스템(http://www.nl.go.kr/kolisnet)에서 이용하실 수 있습니다. (CIP제어번호 : CIP2018033627)

* 잘못된 책은 구입하신 서점에서 바꾸어 드립니다.